북대황北大荒 물 향기

북대황(北大荒) 물 향기

발행일	2020년 1월 3일		
지은이	채한종		
펴낸이	손형국		
펴낸곳	(주)북랩		
편집인	선일영	편집	오경진, 강대건, 최예은, 최승헌, 김경무
디자인	이현수, 한수희, 김민하, 김윤주, 허지혜	제작	박기성, 황동현, 구성우, 장홍석
마케팅	김회란, 박진관, 조하라, 장은별		
출판등록	2004. 12. 1(제2012-000051호)		
주소	서울특별시 금천구 가산디지털 1로 168, 우림라이온스밸리 B동 B113~114호, C동 B101호		
홈페이지	www.book.co.kr		
전화번호	(02)2026-5777	팩스	(02)2026-5747

ISBN   979-11-6539-002-0 03910 (종이책)   979-11-6539-003-7 05910 (전자책)

이 도서의 국립중앙도서관 출판예정도서목록(CIP)은 서지정보유통지원시스템 홈페이지(http://seoji.nl.go.kr)와
국가자료공동목록시스템(http://www.nl.go.kr/kolisnet)에서 이용하실 수 있습니다.
(CIP제어번호: CIP2019053557)

(주)북랩 성공출판의 파트너

북랩 홈페이지와 패밀리 사이트에서 다양한 출판 솔루션을 만나 보세요!

홈페이지 book.co.kr   •   **블로그** blog.naver.com/essaybook   •   **출판문의** book@book.co.kr

채 한 종
여행 에세이

다정한 사람들을 만나는 편안한 여행지,
흑룡강성을 가다

북대황 北大荒
물 향기

북랩 book Lab

머리말

흑룡강성은 지리적으로 중국의 최동북에 위치하고 있으며 우리 나라에서는 정북 쪽에 있다. 성省의 면적은 약 45만㎢로 우리나라 의 다섯 배 정도, 한반도의 두 배 정도에 이른다. 주로 평야와 삼 림으로 이루어져 있어 1차 산업인 농업과 산림업이 발달하였다.

60년 전으로 돌아가면 이곳 흑룡강성은 거의 불모지에 가까운 황무지였다. 그래서 사람들은 이곳을 '북대황北大荒'이라고 불렀다. 삼림은 야생의 동물들이 득실거리고, 평원은 대부분 습지로 되어 있어 사람의 발길이 거의 없었던 시절이다.

우리가 새마을운동이 일어났던 시기와 비슷하게 이곳에서도 흑 룡강성 개발 사업이 있었다. 중국 전역에서 몰려와 젊음을 바친 청 년들이 적지 않다. 그리고 그중에는 이곳에 정착해 흑룡강성의 주 인으로 살아가는 사람들이 되어 버린 이들도 많이 있다.

그리고 역사적으로는 우리나라의 독립군이 일본의 침략으로부 터 맞서 싸운 무대이기도 하다. 지금도 여행을 하다 보면 흑룡강 성 도처에서 우리 조선인들이 사는 부락들을 가끔 접하기도 한다. 모두가 나라의 독립을 위해 싸우던 선조들의 후손이기도 하고, 일 제의 압박으로부터 피해 간 백성들의 후손들이기도 하다.

역사와 문명은 강을 타고 태어난다. 세계의 4대 문명이 그렇다. 나일강의 이집트 문명, 티그리스강과 유프라테스강의 메소포타미아 문명, 인더스강의 인더스 문명, 황하의 황하 문명 모두가 강을 따라 태동했다. 이렇듯 인간은 늘 물이 있는 곳을 벗 삼아 살아왔다.

흑룡강성은 여러 개의 크고 작은 강江과 하河가 대지를 적시며 흐른다. 크게 구분하면 흑룡강성을 적시는 흑룡강, 우수리강, 송화강, 눈강, 목단강과 후마허, 탕왕허가 있다. 나는 이 강과 하를 따라다닌 여행의 이야기를 기록하고자 했다.

강은 종종 우리 인생사와 관련되기도 한다. 강은 인생에 질곡이 있듯이 굽어 흐르고 순탄한 시간은 완만한 물의 흐름에 비유된다. 절망의 나락으로 떨어지듯 가끔은 폭포를 만나기도 한다. 그리고 우리에게 새로운 희망이 다가오듯 강은 한결 더 넓은 대해로 흘러간다.

중국의 고대 사상가인 노자는 늘 물에서 생활의 철학을 일깨워 주었다. 물은 특히 늘 낮은 곳에 위치하기에 겸손의 상징이다. 게다가 형상이 없어 어느 그릇에 담아도 그 그릇의 형태에 융화한다. 즉, 잘 화합하는 의미로도 물은 인용된다.

흑룡강성에는 특별한 명승고적이 존재하지 않는다. 독특한 역사적 유물도 보이지 않는다. 그런데도 나는 이곳으로의 여행을 계속하고 있다. 이곳의 자연과 사람이 주는 은혜와 교감은 나에게 언제나 외로움을 달래 주는 소박한 배경이 되어 주었다.

중국 여행에서 이런 말을 자주 들어 왔다.

'만리장성을 오르지 않으면 사내가 아니다. 하늘에 천당이 있다면 땅에는 소주, 항주가 있다. 황제에게 황궁이 있다면 민가로는 교가대원이 있다. 계림의 산수는 하늘 아래 으뜸이다. 소주에서 나고 항주에서 살며 광주에서 음식을 즐기고 유주에서 죽는 것이 가장 행복하다. 오악을 오르지 않고 산을 올랐다 말하지 말라. 하지만 황산을 올랐다면 오악을 오를 필요가 없다'. 심지어 여름 무더위의 표현으로 '3대 화로는 무한 중경 남경이다'. 이처럼 중국은 풍경구마다 나름대로 최고의 수식어를 달고 있다.

하지만 이곳 흑룡강성에서는 특별히 이런 말을 들어 본 적이 없다. 그래도 평범하고 순수한 일상의 시간이 그리울 때면 흑룡강으로 간다. 오히려 지루하지 않았다. 이렇게 흑룡강성의 여행은 일상의 생활에서 얻는 즐거움이 특별한 시간의 쾌락을 지배하는 유람이었는지도 모른다.

우리는 이상하게도 피자니 소고기니 하는 특별한 음식에는 쉽게 싫증을 느낀다. 그러면서도 늘 먹고 있는 김치찌개나 된장국은 평생을 접해도 마다하지 않는다. 둘은 비슷한 이유일 것이다.

나는 흑룡강성을 여행하면서 많은 사람들을 만났다. 어찌 보면 그들과 함께 지내 온 삶 그 자체가 여행이었다. 인생을 잠시 이승에 소풍을 왔다가 가는 것이라고 어느 시인은 말한다. 인생이라는 길을 통해서 어떤 여행을 어떻게 하며 살아가는가는 각자의 몫이다.

드넓은 평야와 삼림의 숲속을 따라 걸었고 흑룡강성을 적시는 물줄기를 따라 걸었다. 더욱이 중국 외진 촌마을로의 여행은 언제나 나의 향수를 불러일으켰다. 그리고 나에게만큼은 순수하고 친근하게 다가왔던 따뜻한 사람들과의 인연도 잊지 않았다. 특히 다른 성省에 비하여 인구가 적은 흑룡강성과 북부 내몽고의 여행은 더욱 사람의 정이 물씬 묻어나는 시간이기도 했다.

3년여에 걸쳐 나는 시간과 기회가 있을 때마다 흑룡강성을 기웃거렸다. 이렇게 다녀오면서 내 주변에서 일어났던 일상의 이야기를 여행담으로 기록했다. 나는 여행가도 아니고 역사를 연구하는 학자도 아니고 또한 특별히 글을 쓰는 작가도 아니다.

다니는 동안 생겨났던 이야기나 느낀 나의 생각들을 적어 놓은 것에 불과하다. 단지 이러한 이야기나 느낌의 사고를 같이 공유하는 전달 매개체로서의 역할에 충실하게 접근했으면 좋겠다는 것이 나의 바람이다.

여행을 하다 본의 아니게 그곳의 역사나 문화를 접하게 되면 조금은 당황스럽다. 그들의 역사나 문화를 내가 얼마나 잘 이해하고 올바르게 기술할 수 있을지 두려울 때가 많이 있다. 그래서 간략한 소개 정도로 마무리하려고 한다. 독자가 관심이 있다면 인터넷이나 기타 자료를 찾아서 살펴볼 수 있으리라 생각한다.

설령 나의 소개가 부족하거나 오류가 있더라도, 또 느끼는 감동이 커서 지나치게 과장된 표현이 있더라도 여행자가 잠시 다녀가면서 들은 거라고 이해를 해 주면 좋겠다. 게다가 내용의 표현이 조금은 서툴더라도 순수하고 꾸밈없는 생각이었다고 이해하면 더없이 고마울 것 같다.

끝으로 책을 출간할 때마다 늘 고민하는 한 가지가 있다. 지명이나 인명을 어느 나라 발음으로 적어야 할지 애매하다. 우리나라 발음으로 적으면 읽기는 편할지 몰라도 현지에서는 전혀 통용되지 않는 문제가 있다. 그리고 중국식 발음으로 적으면 읽기는 어색하나 현지 여행에 다소나마 도움이 될 것 같았다.

그래서 우리나라 사람이 익숙하게 들었던 지명이나 인명은 우리나라 발음으로 적고, 그 외에 생소한 지역의 지명이나 인명은 중국식 발음으로 기록했다. 그리고 처음 접하는 지명에는 한글과 한자를 병기해서 독자들이 지리상 이해를 쉽게 하도록 노력했다.

다음 페이지에 지명의 한자를 중국식 발음 기준에 준하여 적어뒀다. 가나다순으로 정리해서 쉽게 찾을 수 있도록 했다.

2020년 1월
채한종

흑룡강성 여행(黑龙江省 旅行)

흑룡강성 전도 黑龙江省 全圖

강, 하	~~~~~~~~~
철 로	+++++++++
도 로	....

지명 한자 정리

간난甘南 껀허根河 구리엔古蓮 너허讷河 넌쟝嫩江 니엔즈산碾子山 따씽안링大兴安岭 따칭大庆 라오허饶河 라하拉哈 뤄구허洛古河 뤄베이夢北 랑쌍郎乡 리쑤쩐梨树鎮 린쟝临江 마오란꺼우茅兰沟 만꿰이满归 만저우리滿洲里 메이리쓰梅里斯 모리다와치莫力达瓦旗 모허漠河 목단강牡丹江 미싼密山 밍싼名山 바이루百路 바이인나白銀納 베이홍北红 베이지촌北极村 뿌쑤리布苏里 삐쉐이碧水 샤오씽안링小兴安岭 쉐이펀허綏芬河 쉐이화綏化 쉬에쌍雪乡 스빠짠十八站 시라무런希拉穆仁 싼따오꽌三道关 싼허山河 싼허三合 쏜우孫吳 쑤왕야싼双鸭山 쒼커逊克 씨치西旗 씽왕兴旺 씽카이후兴凯湖 아롱산阿龙山 아롱치阿榮旗 아리허阿里河 아무얼阿木尔 아이훼이瑷琿 알따오허二道河 앙앙씨昂昂溪 야부리亚布力 어얼구나허額尔古納河 여우이友谊 오대련지五大连池 우빠라오따오吳八老島 우얼치한乌尔其汗 우잉五营 우창五常 위에진跃进 위엔터우源头 이라하伊拉哈 이란依兰 이춘伊春 인추안銀川 자롱扎龙 잘란툰扎兰屯 쟈거다치加格达奇 쟈인嘉荫 쟝치아오江桥 저우산九三 지린吉林 쨔무쓰佳木斯 찌씨鸡西 찌에진커우街津口 찌엔싼쟝建三江 쩐산金山 찐허錦河 치치하얼齐齐哈尔 커루워科洛 커싼克山 커이허可一河 타이라이泰來 타허塔河 탕왕허湯旺河 탕위엔汤原 통쟝同江 티에리铁力 펑린丰林 푸라얼지富拉尔基 푸위富裕 푸위엔抚远 푸진富錦 하라신촌哈拉新村 하얼빈哈尔濱 하이라얼海拉尔 하이린海林 한쟈위엔韩家园 허깡鶴崗 허싼鶴山 헝따오허즈橫道河子 헤이허黑河 화산画山 후륀베이얼呼伦贝尔 후린虎林 후마呼瑪 후중呼中 후터우虎头 후허하오터呼和浩特 흥십사촌兴十四村

차례

머리말 **4**

Part 1 | 흑룡강의 원류 최북단 모허漢河 **13**

Part 2 | 황금지로黃金之路 스빠짠十八站 **41**

Part 3 | 따씽안링大兴安岭을 적시는 후마허呼瑪河 **67**

Part 4 | 후마呼瑪와 헤이허黑河 **97**

Part 5 | 내륙의 젖줄 넌쟝嫩江 **123**

Part 6 | 마나오 집산지 쒼커逊克와 공룡의 고향 쟈인嘉荫 **155**

Part 7 | 삼림의 보고 이춘伊春 **183**

Part 8 | 송화강이 준 선물 삼강평야 **211**

Part 9 | 우수리강乌苏里江을 따라서 **239**

맺음말 **266**

Part 1

흑룡강의 원류 최북단
모허漠河

중국 동북쪽에 러시아와 경계를 이루는 약 3,400㎞의 긴 강이 있다. 중국 양자강과 황하 다음으로 세 번째로 긴 강이다. 이 강은 러시아와 경계를 이루는 내몽고의 어얼구나허額尔古納河라는 물줄기와 러시아의 실카강에서 흘러오는 물과 합쳐지면서 동남쪽으로 흐른다. 이 강을 러시아는 아무르강이라 하고 중국은 흑룡강이라 부른다.

러시아와 중국의 국경을 이루며 흘러간 흑룡강은 중국 최고의 동쪽인 푸위엔抚远에 이른다. 이곳에서 연해주를 따라 흘러온 우수리강을 만나면서 흑룡강은 그 이름을 다한다.

흑룡강성은 바로 이 북쪽의 흑룡강이 둘러싸고 있는 지역을 말한다. 이 흑룡강성은 우리 민족에게는 역사적으로 친근하게 다가오는 곳이기도 하다. 고구려와 발해의 역사가 여기에 있고 일제 침략과 맞서 싸운 독립투쟁사가 또한 이곳에 있다.

흑룡강성 목단강牡丹江시의 풍경구인 경박호境泊湖를 여행하다 발해원이란 곳을 들렀다. 이 발해원의 비석에는 서기 698~926년 약 230년간 발해국이 있었다고 기록해 놓았다. 그리고 그 당시의 주거 형태와 발해국의 시조인 대조영을 비롯한 위인들을 조각해 놓은 정원이 아주 잘 정리되어 있다. 이처럼 흑룡강성은 우리나라

고대 역사의 흔적이 흐르고 있는 지역이다.

  2017년 나는 흑룡강성 최북단 모허현을 찾아갔다. 2년 전에도 모허현의 최고 북쪽 마을이라고 하는 베이지촌을 가기 위해 모허현에서 이틀을 묵은 적이 있다. 2년 전 묵었던 숙소를 다시 찾아가니 주인아주머니가 문을 들어서자마자 나를 알아보고 무척 반가워했다.

  이번에는 흑룡강의 원류를 찾아가고 싶어 다시 왔다. 8월의 날씨는 찌는 여름이라 하더라도 오후의 짧은 시간만 지나면 선선한 바람이 분다. 조금 지나면 반팔 옷 위에 점퍼를 하나 걸친다. 어둠이 오면 오리털 점퍼가 나를 따뜻하게 해 주는 하루의 날씨다. 이렇게 8월 말이지만 오후 두세 시간의 따가운 날씨를 벗어나면 추운 늦가을 날씨와 다름없다.

  아침에 모허를 떠나 흑룡강의 시작점을 향하여 서쪽으로 차는 달렸다. 숲길 사이로 난 길옆에는 이상 기후인지 믿기지 않을 정도로 눈이 쌓여 있었다. 잠시나마 겨울인지 여름인지 분간을 할 수 없을 정도다. 예년보다 한 달 이상 더 일찍 눈이 내렸다고 흑룡강성 방송국은 기상 이변이라도 되는 듯이 일제히 일기예보를 날려 보내고 있었다.

흑룡강성 모허 위엔터우촌

모허에서 서쪽으로 두 시간 정도를 달리면 뤄구허洛古河라는 아담한 촌마을이 있다. 이곳에서 조금 더 가면 강변에 있는 흑룡강성 최서북쪽에 위치한 위엔터우源头라는 동네를 만난다. 즉, 위엔터우는 흑룡강 줄기에서 흑룡의 꼬리 부분에 해당되는 지역이다. 이 동네가 흑룡강이 시작되는 첫 동네라고 말할 수 있다. 약 50여 채 정도의 나무판자로 지어진 집들이 길 하나를 사이에 두고 나란히 늘어서 있는 것이 마을의 전부다.

8월의 마지막 여름 더위에 사람들은 보이지 않았다. 길가로는 듬성듬성 피어난 코스모스와 이름 모를 야생화들이 바람을 타고 흔들리고 있다. 집집마다 텃밭에 심어 놓은 각종 야채들도 어느새 시들해지고, 울타리를 타고 오르던 완두콩과 호박 줄기도 힘없이 늘어져 있다. 강변에는 여행자를 위한 서너 대의 유람선마저도 힘을 잃은 듯 오성홍기만 나부낄 뿐 멈추어 있다. 이 마을의 정적을 깨트리는 유일한 소리가 있다면 가끔씩 마을길을 오가는 개들의 짖는 울음소리다.

마을 끝자락 넓은 원형의 공간 중앙에 비석이 하나 있다. 이 비석에는 흑룡강이 시작된다는 의미의 '源'이라는 빨간색의 글자가 크게 새겨져 있다.

　오후의 배고픔을 달래기 위해 식당으로 들어갔다. 식당이라고 하지만 어느 가정집과 별반 다르지 않다. 여행자의 발길이 사라진 조그만 공간의 분위기는 쓸쓸하기만 하다. 식당에는 몇 명의 손님을 위해서 온 가족이 나와 음식을 만드느라 분주하다. 집 담벼락에 잔뜩 쌓아 놓은 장작더미가 벌써 겨울 채비를 준비하고 있는 듯하다. 숲에서 가지고 온 나무로 벌써 방에 불을 지피고 있다.

　어릴 적 나의 고향에서도 추운 겨울을 나기 위해 땔감을 준비해야 했던 시절이 있었다. 나는 가끔 리어카를 끌고 가는 형을 따라 숲으로 들어갔다. 그때 당시 형은 소나무의 마른 가지인 '삭다리'를 꺾으려고 나무를 오르내렸다. 삭다리를 꺾을 적마다 숲속에는 '딱딱' 소리가 크게 울려 퍼졌다.

　그리고 어느 날은 겨울 땔감으로 싸리나무를 잘라 오기도 했다. 법주사 뒤쪽으로 가면 '쉰동굴'이라는 작은 동굴이 있다. 전쟁 때 주민 오십 명이 이 동굴에서 피난을 했다고 하여 붙여진 이름이다. 그 당시 피난을 하면서 땔감으로 이 싸리나무를 사용했다고 한다. 왜냐하면 싸리나무로 밥을 지으면 타면서도 연기가 피어오르지 않기 때문이다. 잠시 쉬는 동안 형이 들려주는 이야기를 들으면서 나는 늦가을 추위에 몸을 움츠렸지만 형은 오히려 윗도리를 벗고 있었다.

　나는 교직 생활을 조기 퇴직한 후 줄곧 흑룡강성을 찾았다. 예전에 내 나이 30세의 아주 젊은 시절에 불법으로 한국에 와서 장기 체류하는 흑룡강성에서 온 노동자를 만났었다.

그는 겨울에 벌목공 일을 하고 봄에는 양봉업을 하면서 중국을 돌아다녔다. 겨울의 혹독한 추위와 힘든 노역을 생각하면 한국에서 일하는 것이 수입이나 노동 면에서 매우 만족스럽다고 했다. 그때 그가 흑룡강성의 생활에 대해 말해 준 것이 나에게는 깊은 인상을 남겼다. 당연한 이야기지만 30여 년이 지난 지금 이곳의 생활은 많이 변해 있다.

잠시 강변을 산책하는 동안 어느새 음식이 다 되었다. 흑룡강에서 잡은 물고기 요리를 먹으니 한잔의 술이 생각났다. 주인이 직접 만들었다며 '미져우米酒'라는 쌀로 만든 술을 가지고 나왔다. 이렇게 얻어 마시는 술에 대해서는 술값을 받지 않을 정도로 인심이 후하다.

위엔터우 마을에는 중국 군인의 초소가 있다. 아마도 흑룡강성 최서북쪽에 위치한 초소일 거라는 생각이 든다. 겉으로 보기에도 특별히 러시아를 감시한다기보다는 상징적 의미가 더 크게 다가오는 느낌이다.

초소의 입구에는 철창의 바리케이드가 가로놓여 일반인의 출입은 당연히 금지되어 있다. 초소 앞에는 '최고 북쪽', '최고 오지', '최고 추운 곳' 등의 '최고'라는 명칭을 단 글귀들이 '북北'이라고 쓴 나무판자에 자랑스럽게 걸려 있다.

마침 군대를 제대한 지 얼마 안 되어 보이는 열 명 정도의 젊은 이들이 군부대로 들어가고 있었다. 초소의 군인들이 나와 이들을 마중하고 있다. 경비병이 내게 다가오더니 어디서 왔느냐고 말을 건네 왔다. 나는 태연하게 치치하얼齊齊哈尔에서 왔다고 했다. 더 자세히 묻기에 늘 다녔던 치치하얼의 룽사공원을 말했다. 억양이 그곳 사람이 아니라면서 나를 바라본다. 나는 웃음으로 그를 바라보았다. 그는 나의 태연함에 더 이상 의심의 눈초리를 보이지 않았다. 하지만 바리케이드를 넘지는 못했다.

뤄구허 군부대 초소

중국을 다니면서 상황과 필요에 따라 북방을 여행하면서 남방에서 왔다고도 하고, 남방을 다니면서 북방에서 왔다고도 한다. 가끔 정확하게 한국인이 아니냐고 하면서 물어오는 총명한 사람도 만날 때가 있다. 하지만 워낙 넓은 국토에서 수많은 사투리와 지방어가 중국인에게는 서로 낯설게 느껴지는 것이 지극히 당연하기도 하다.

초소 저 멀리 보이는 강줄기가 파란 하늘의 흰 구름을 머금은 채 유유히 동으로 흘러가고 있다. 건너편 러시아 땅에 자그마한 촌락이 눈에 들어온다. 강폭은 500m 정도로 넓어 보이지만 러시아는 지적에 있다. 흑룡강을 사이에 두고 국경을 맞대고 있는 위엔터우 초소는 모든 것이 조용하고 평화롭기만 하다.

  이곳을 오기 전 이금용李金鏞 사당이라는 곳을 들렀었다. 이 사당 앞에는 황토색의 들녘이 펼쳐져 있다. 개천을 흐르는 물도 황토색을 띠며 흐른다. 이곳에는 노구老溝 금광이란 곳이 있어 더욱 유명하다. 예전에 중국 전역에서 제일 질 좋은 황금이 산출되는 곳으로 유명했던 지역이다.

  노구 금광은 150년 전 이곳의 소수민족인 어룬춘족이 발견하여 금을 캐기 시작했다. 이후 청나라에서 이 금광을 관리할 때 바로 이금용이란 관리가 부임하여 이곳을 잘 관리했다. 그래서 그의 업적을 기리고자 이곳에 사당을 지었다. 이후 일제의 침략으로 청나라가 몰락하면서 일본인이 많은 금을 채굴 강탈해 간 역사를 가지고 있기도 하다.

  그 당시에는 변방의 이곳에 수많은 사람들이 몰려와 금광에서 금을 캐내는 일을 했다. 지금은 그 당시의 영광을 잊지 않기 위해 이금용 사당과 작은 비문만이 초라하게 자리하고 있을 뿐이다. 이처럼 나라의 흥망성쇠가 있듯이 이 변방에도 크게 번성했던 시절이 있었다.

  그리고 이곳에는 중국 최북단에 위치한 관음산觀音山이라는 조용한 원시 삼림 속에 자리 잡은 아담한 사찰이 있다. 이 사찰에는 삼면관음이라는 불상이 있는데 이 불상의 높이가 10.8m라고 한다.

모허현의 관음산

이 높이에 관심을 가지는 이유가 있다. 중국 최남단의 해남도라는 곳에 커다란 해상관음불상이 있는데 이 불상의 높이가 108m라고 한다. 아마 이 불상 높이의 숫자는 우리 인간세상의 백팔번뇌를 상기시키기 위한 높이였는지도 모른다. 또 이 두 불상이 중국을 지켜내고 있는 상징의 불상이라고 내 스스로가 말하고 싶다.

아무튼 이곳의 불상 뒤에 어느 날 광채가 빛났다 하여 담은 신기하고 기묘한 사진을 사찰에 자랑스럽게 걸어 두었다. 산사를 둘러보는 동안 나무에 쌓인 눈발이 바람에 나뒹굴고 있다. 8월에 맞는 하얀 눈을 만지면서 신기함을 감추지 못했다.

이곳을 여행하는 여행자들은 대부분 북극촌北極村이라는 곳을 들르기 위해서 온다. 중국의 최고 북쪽에 있는 마을이라는 데 의미를 부여하고 싶었을 것이다. 하얼빈哈尔滨에서 기차로 하루 이상을 소요하며 오는 마지막 종착역이 모허다.

내몽고로 들어온다면 우선 기차를 타고 북부의 후뤈베이얼呼伦贝尔 만꿰이满归라는 종착역에서 내린다. 그리고 버스로 두 시간을 소요하여 모허에 도착할 수 있다. 모허는 현급으로 이곳의 주변을 둘러보기 위한 중심 지역이라고 할 수 있다. 초라했던 모허역이 2년 뒤인 2017년에는 광장을 가진 웅장한 모습으로 변해 있었다.

모허 시내를 걷다 보면 러시아풍의 건물들이 아주 웅장하게 건축되어 있는 것을 볼 수 있다. 모허의 도서관과 국경출입국관리소인 커우안口岸 그리고 화재기념관의 건물이 더욱 두드러져 보인다. 게다가 모허 시가지를 내려다볼 수 있는 언덕에 있는 북극성광장에서 보면 어느 유럽의 아름다운 전원마을에 있는 것처럼 중국풍의 정취가 전혀 느껴지지 않을 정도다.

모허현의 '후르쓰' 부는 청년

북극성 광장 한편에는 나지막한 집들이 늘어서 있다. 서예, 목각, 그림 등을 취미로 하는 사람들의 집성촌을 연상케 한다. 집집마다 전시되어 있는 각종 수공예품들이 눈길을 사로잡는다. 주로 자작나무를 재료로 한 공예품과 자작나무를 소재로 한 그림들이 대부분이다. 어느 한 집에서 아름다운 노랫소리가 흘러나온다. 한 청년이 '후르쓰葫芦丝'라는 조롱박 악기를 불고 있다. 이 투박한 모습의 청년은 하얼빈에서 개최한 중국 전역의 노래 경연에서 은상을 수상했다고 한다. 자신이 작사 작곡한 노래를 직접 불렀다고 한다.

따씽안링大興安嶺5·6화재기념관이란 건물을 들렀다. 3층 건물로 건축된 전시실을 둘러보는데 마침 대학에서 삼림관리를 전공하는 두 명의 학생들을 만났다. 이들을 따라 전시실을 둘러보면서 함께 이야기를 나누었다.

모허현의 화재기념관

이곳은 1987년 5월 6일 엄청난 산림화재가 발생했다. 그 화재의 규모는 우리나라 남한 면적의 약 반에 해당하는, 세계 최대의 화재로 이름을 올렸다 한다. 그해에 엄청난 가뭄으로 인한 산림의 건조와 강한 바람이 화재의 피해를 키우는 데 한몫했다.

이 불을 진압하는 과정에는 소방관 그리고 민간인뿐만 아니라 수많은 군인들의 희생이 있었다. 화재가 러시아로 번질까 두려워 러시아 소방 비행기까지 동원이 되었다고 한다. 한순간에 모든 것을 앗아가는 화재는 우리 주변의 일상에서도 자주 일어난다. 방심이 불러오는 가장 흔한 재난일지도 모른다.

전시실 한곳에 '一方有難 八方支援'이란 글귀가 인상 깊게 들어왔다. '한곳에 어려움이 있으면 사방팔방에서 도와준다'는 의미다. 화재로 인하여 모두가 소실된 이곳에 각 지방에서 가지고 온 묘목을 가꾸어 지금의 삼림을 만들었다고 한다. 그래서 모허와 타허塔河를 다니면서 보이는 가지런한 나무들은 모두가 30년생들이다. 그리 크게 자라지 않은 이유는 추운 7~8개월의 겨울과 동면에서 기지개를 켜는 한 달이라는 생장 준비 기간이 있기 때문이다.

우리나라도 3~4월에는 날씨가 무척 건조하다. 매년 이맘때면 강원도 산간 지역에서는 설상가상으로 강한 건조한 바람이 태백산맥을 넘나든다. 이럴 때는 인재이든 자연발화든 산불로 인하여 크고 작은 재난을 겪기도 한다. 화마가 쓸고 간 자리에는 검은 재앙의 자국만이 남는다.

중국에서도 화재의 현장을 본 적이 있다. 귀주성 완채碗寨라는 마을을 갔을 때다. 봉고차가 벌목하는 트럭으로 인하여 갈 수가 없어 걸어서 들어갔다. 산의 정상에 올라 마을을 내려다보았다. 뜻하지 않은 화재로 마을의 집들이 한 채도 남기지 않고 모두 타 버린 것이다. 마을 사람들이 구호 천막에서 생활하면서 목재를 들여와 집을 짓고 있었다. 하루 종일 망치 두들기는 소리가 여기저기서 들려왔다. 어린아이의 불장난으로 인하여 일어난 재난이다.

화재기념관 옆에 있는 '송원松苑'의 숲길을 걸었다. 하늘을 떠받치듯 곧게 뻗은 소나무가 군락을 이루고 있다. 노인들이 작은 바구니를 들고 숲길을 걸으며 버섯을 채취하고 있다. 가끔씩 악기를 연주하며 들려오는 음악 소리는 새소리와 함께 숲 사이로 고요하게 퍼져 나간다. 숲속의 여기저기 놓인 정자에서는 노인들이 삼삼오오 둘러앉아 노래를 부르기도 하고 마작이나 포커를 즐기기도 한다.

중국 여행을 하다 보면 공원에서 흔히 볼 수 있는 광경이다. 이처럼 송원松苑은 겨울이 오기 전 모허 현지인들에게는 산책의 정원으로서 이렇게 사랑을 받고 있다. 8월 말 숲 사이를 헤집고 들어오는 햇살이 그나마 따스하게 느껴진다.

또 이때쯤이면 시내 주변을 분주하게 오가는 오토바이들을 많이 볼 수 있다. 이 오토바이 뒤에는 무언가를 가득 담은 국방색 자루들이 실려 있다. 옆에는 페인트 통이 걸려 있기도 하다.

이들은 길거리에 설치된 조그만 임시 천막에 멈추어 자루와 페인트 통을 저울에 올려놓고 흥정을 한다. 삼림에서 수확한 자색빛을 띤 '란메이藍莓'라고 하는 블루베리 열매를 거래하고 있는 것이다. 그리고 '훙떠우紅豆'라고 하는 빨간 열매도 수확하여 가지고 오는데 '훙떠우'라는 말은 사전에 보면 '팥'이라는 의미로 되어 있다. 하지만 이 훙떠우는 야생에서 수확하는 또 다른 품종의 열매라는 생각이 들었다.

이밖에도 각종 버섯을 채취하여 시장에 가지고 가서 팔기도 한다. 이맘때는 흑룡강성 어디를 가도 시장이나 길거리에 버섯 냄새가 코를 자극한다.

이렇게 가지고 온 야생 열매를 팔고는 또 다시 오토바이를 타고 어디론가 분주하게 떠난다. 까맣게 그을린 얼굴에서 묻어나는 미

산림의 란메이 열매

소 짓는 모습을 보면서 행복이 어디서 오는가 하는 생각을 잠시나마 해 본다. 이렇게 짧은 여름이 주는 삼림의 선물은 현지인들에게 아주 짭짤한 소득원으로 자리매김을 한다.

2015년 여름 2년 전 처음으로 이곳 모허를 찾았을 때의 일이다. 내몽고와 동북삼성을 둘러본다고 두 달 반의 계획을 세우고 떠나온 여행이 어느새 흑룡강으로 향하고 있었다. 내몽고 후룬베이얼의 최대 도시인 하이라얼에서 기차를 타고 만꿰이에서 내렸다.

어둠이 내리는 역 앞에는 모허를 가려는 손님을 기다리는 마지막 버스가 준비되어 있다. 나를 위해 준비된 버스라는 생각이 들었다. 동작 빠른 사람들 틈에서 그나마 간신히 맨 뒤의 자리 하나를 잡을 수 있었다.

두 시간을 소요하며 어두운 밤에 모허에 도착했다.

한 아주머니를 따라 들어간 숙소는 방이 아니고 부엌에 놓인 한 개의 침대뿐이다. 주변의 그을린 솥과 반찬 그릇들 그리고 미끈미끈한 바닥에 놓인 시커먼 걸레가 더럽다기보다는 두렵다는 표현이 들 정도였다. 빨리 이 시간이 지나고 아침이 오기를 기다렸다. 그 당시의 이런 고통스러운 여행 기억을 지금도 잊지 못한다.

아침에 숙소 아주머니가 잘 잤느냐고 능청스럽게 물어왔다. 그러면서 함께 여행을 하라며 세 명의 여행자를 소개해 주어 만났다. 이렇게 여러 명이 여행을 다니면 여러모로 경비가 절약되기 때문에 서로가 좋은 결과를 얻는다. 한 대의 택시가 벌써 숙소 앞에서 우리를 기다리고 있었다.

길을 가다 잠시 차에서 내려 껀허根河에서 보았던 순록의 숲길을 다시 한 번 걸었다. 순록은 우리나라에서도 사육하는 사슴과의 동물이다. 주로 북반구의 침엽수림 지대에서 서식하며 무리를 지어 생활을 한다. 우리가 말하는 크리스마스의 성탄에서 나오는 루돌프가 바로 순록이다. 성질이 온순하여 등에 기대거나 올라타는 행동을 취해도 그렇게 피하지 않는다. 길고 가지가 많은 뿔을 지니고도 숲을 잘 헤집고 걸어 다닌다. 숲속에서 화려한 뿔을 가진 순록과 함께 잠시나마 친구로 놀았다. 차는 계속 북으로 향했다.

드디어 흑룡강이 눈에 들어왔다.

강변에 세워진 큰 비석을 만났다. 먼저 온 몇몇의 여행자들이 비석 주위를 돌고 있다. 비석에는 '당신을 축하합니다. 북北을 찾았군요!'라는 의미의 문구가 쓰여 있다. 처음으로 흑룡강을 만나는 기쁨에 마음이 무척 설렜다.

북경에서 내몽고 성도인 후허하오터呼和浩特를 거치면서 보름 만에 도착한 흑룡강이다. 강물의 수위는 전혀 깊어 보이지도 않았고 물의 흐름도 느끼지 못했다. 오히려 무심히 하늘을 지나는 구름이 더 빠르게 흘러갔다. 깅변에 내려가 강물에 손을 담그며 그리 넓지 않은 강폭 저편의 러시아 산천을 바라보았다. 이상하게도 러시아 쪽에는 민가는커녕 한 채의 가옥도 보이지 않았다. 흑룡강은 이렇게 국경을 이루며 흘러가고 있다.

흑룡강성 용강제일만

오후에는 '용강제일만龙江第一湾'이란 곳에 도착했다. 이곳은 모허에서 베이홍北红을 가는 도중에 있는데 흑룡이 크게 한 번 용트림을 한 곳이다. 즉, 처음으로 둥그런 원을 그리며 흑룡강은 동으로 흘러가고 있다. 그리 높지 않은 산길을 오르니 더욱 굽어 흐르는 강의 형상이 선명하게 다가왔다. 우리는 임시로 만든 간이 상점에서 약간의 음료수를 마시면서 여유로운 시간을 가졌다.

퇴직을 하면 반드시 이곳을 다녀볼 것이라는 스스로의 약속이

현실로 다가온 것에 흡족한 마음을 감출 수가 없었다. 특별한 여행지는 아니지만 여기까지 오면서 느낀 이들의 살아가는 생활을 보는 것만으로도 큰 소득이었다.

물길은 대부분 직선으로 흐르지 않는다. 조물주는 대지를 두루 두루 적시도록 굽이굽이 흐르게 만들어 주었다. 그리고 세차게 흐르기도 하지만 가끔은 쉬어가도록 완만히 흐르기도 한다. 우리 인생도 청춘의 시기에는 왕성하게 시간을 보내지만 늙음에 이르러서는 자조하면서 생을 바라보기도 한다. 강물을 보고 너무 비약에 젖었나 싶지만 내 마음이 그렇게 느끼고 있었다.

흑룡강이라는 이름의 유래는 그리 특별하지 않다. 강물이 흑녹색을 띠며 흐른다 하여 붙여진 이름이라 한다. 사실 모허 아래에 '구리엔占蓮'이라는 작은 마을이 있다. 시발역인 치치하얼에서 종착역인 구리엔까지는 18시간 정도 소요된다. 볼거리가 있어 갔다기보다는 그저 가 보고 싶었다는 단순함 그 이상도 이하도 아니었다. 오로지 열차에서의 휴식이었고 생각의 여유가 있는 시간으로도 만족했다.

구리엔은 주민이 이천 명도 안 되는 작은 마을이지만 흑룡강성 제일의 노천광산을 자랑하고 있다. 광산의 규모가 만무万亩에 달한다고 하는데 '만무'란 '무한정 넓다'라는 상징적 의미를 갖는 것 같다. '亩'의 단위는 1亩가 660㎡, 즉 200평이라고 하는데 만무를 계산하면 우리나라 평수로 2백만 평에 해당한다.

열차에서 내리니 철로변이나 마을길이 모두 검게 변해 있다. 여객 열차는 하루 한 번 운행되지만 화물 열차는 50개의 화차를 달고 쉼 없이 철길을 오간다. 강물이 흑녹색을 띠는 이유가 이곳의 검은 석탄이 흑룡강으로 흘러 들어가는 영향 때문은 아닐까 하는 나름대로의 생각도 해 보았다. 시월 중순 아침에 도착한 구리엔은 햇살이 비춰 오기 전까지 두툼한 옷차림의 사람들을 만난다는 것이 전혀 이상하지 않은 곳이었다.

여하튼 검두 히든 중국인들은 '용龙'이라는 상상의 동물을 무척 좋아한다. 아니 좋아한다기보다 숭상하고 늘 용을 우상시 한다. 그래서 각 지역마다 용에 대한 전설과 설화를 만들어 놓기도 한다.

'화룡점정畵龍點睛'이란 고사가 있듯이 완성의 마지막 단계, 즉 완성과 성공의 상징이 되는 동물로도 용을 인용한다. 성공으로 가는 길을 '등용문'이라 하고 황제의 권위의 상징으로 아홉 마리의 용을 새겨 넣은 '구룡벽'을 만들어 놓기도 한다.

그리고 황제의 몸이나 사용하는 도구에도 용체, 용안, 용상, 용포 등 '용龙'이라는 이름으로 최고의 권위를 부여한다. 이밖에도 중국인들은 길고 멋스러운 형상이 보이면 '용龙'을 의미한 명칭들을 즐겨 붙여 준다. 그동안 중국의 풍경구를 다니면서 기억되는 용의 명칭들을 적어 보았다. 크기에 기준하여 소룡, 대룡, 마릿수에 기준하여 독룡, 쌍룡, 구룡, 색깔에 따라 백룡, 청룡, 황룡, 흑룡, 옥룡 그리고 자세와 형상에 따라 와룡, 교룡, 잠룡, 비룡 등…. 이밖에도 더 있을지 모른다.

아무튼 용의 용트림을 보고 다음 여정으로 베이홍을 향해 떠났다.

함께 차를 타고 가는 세 명의 여행자들과 인사를 나누었다. 여기까지 오면서도 한국인이라는 것을 알고는 특별히 나에게 관심을 가져 주기도 했다. 나이 지긋한 부부는 호남성에서 왔고 한 아주머니는 흑룡강성 치치하얼에서 왔다. 치치하얼에서 온 아주머니는 가이드인 양 이곳의 이야기를 아는 내로 늘어놓고 있었다.

　부부에게는 호남성을 여행했을 때의 이야기로 화제를 이어가기도 했다. 그리고 아주머니와는 이번 여행에서 지나온 치치하얼과 치치하얼 인근의 자롱扎龙습지풍경구를 둘러본 이야기로 친근감을 보여 주었다. 여행할 때는 이렇게 서로 공통이 되는 화젯거리가 있다면 그만큼 쉽게 친숙해지는가 보다. 금세 우리는 식사를 하거나 먹을거리를 사도 서로 이해관계를 따지지 않았다.

　베이훙에 도착했다.

　이곳 베이훙은 북극촌보다 더 북쪽에 자리 잡은 아주 조용한 곳이라고 한다. 그러면서 아주머니는 진정으로 여행자가 휴식과 북쪽의 정취를 느끼고자 한다면 이곳을 다녀가야 한다면서 상업화되어 버린 북극촌의 여행을 그리 탐탁하게 여기지 않는 표정이었다.

　베이훙 마을은 집들이 좁게 난 길 양편으로 300m 정도 도열되어 있는 것이 전부다. 안쪽 강변에는 마을에서 가장 높이 보이는 군인 초소가 있지만 군인은 보이지 않았다. 강폭도 아주 좁다. 우리가 말하는 냇가 정도의 강폭이라고 말해도 좋을 것 같다.

　마을 고기잡이 나룻배들은 러시아 강변을 스스럼없이 오가고 있다. 강변을 거니는 동안 같이 온 아주머니는 작은 목소리로 노래를 부르며 조그마한 돌들을 줍고 있다. 나중에 알았지만 그녀는 수석에 전문적인 지식을 갖고 있었다.

　특히 흑룡강성은 어디를 가도 '마나오码硇'라는 수석 가게를 볼 수 있다. 옛날에 화산지대인 오대련지五大连池의 화산활동으로 인하여 마나오 수석이 생겨났다고 한다. 이 수석을 가지고 각종 공예품을 만들어 놓은 상점을 가보면 중국의 옥玉 생산지에서 판매하는 옥만큼이나 사람들의 애호를 받는다.

베이홍의 흑룡강변

나는 아주머니에게 풍경이 좋은 곳에서는 사진을 부탁하기도 하고 함께 찍자는 말도 건넸다. 아주머니는 거리낌 없이 나의 청을 들어주었다. 작은 일까지 비교하고 싶지는 않지만 우리나라에서는 서로 친숙한 사이가 아니면 함께 사진을 찍는 것이 쉽지 않다. 내가 외국인이라서 그런가? 여행을 하면서 함께 사진을 찍자고 부탁을 하여 거절을 당한 적이 없을 정도다. 그런 정도로 나의 행동은 늘 편했다.

풀벌레의 울음소리가 여름의 끝자락에서 아쉬워하는 음률로 다가온다. 갑자기 내리는 소나기가 옥수수 잎과 콩잎을 세차게 두드리고 있다. 나는 비를 피하려고 급히 어느 집 처마 밑으로 들어가 담벼락에 기대어 있었다. 마을길을 한가로이 노닐던 어미 닭과 병아리 그리고 오리들도 우리를 찾아 바쁘게 움직이는 농촌의 풍경을 보면서 우리나라 1960~1970년대의 가난했던 시절이 생각났다.

초등학교 시절 여름이나.

하교 후 점심 때 상추 잎에 보리밥과 된장을 함께 싸서 먹었다. 어린 시절에 본 상추는 짙은 갈색을 띤 오글오글하고 두툼한 잎으로 기억된다. 지금은 그러한 상추 잎을 볼 수가 없다. 잎을 뜯으면 하얀 진액이 묻어 나왔다. 이 하얀 진액이 졸음을 재촉하는 성분이라고 한다.

배불리 먹고 오후의 햇살 가득한 초가집 마루에서 잠이 들었다. 깨어 보니 저녁인지 아침인지 알 수가 없었다. 시골집 마당에는 병아리와 어미닭도 모두 잠에 취해 있다. 목을 길게 늘어뜨린 채 아저씨가 소 먹일 풀을 잔뜩 지게에 지고 마을길을 지난다. 지금 생각하면 지게에 걸려 있던 아저씨의 헤진 옷가지가 가난하고 힘들었던 시절로 아련하게 다가온다. 잠에서 깬 나는 책가방을 메고 다시 학교로 가려고 했던 기억도 우습게 다가왔다.

잠시 한줄기 비를 뿌리고 간 저녁 강가에 비쳐지는 연노랑색의 노을이 강변에 내려앉고 있다. 강물을 오가며 고기를 잡던 나룻배들도 서서히 그물을 거두고 있다. 베이훙의 작은 마을이 어둠과 고요 속에 잠기고 있다.

숙소로 돌아오는 길에 먹을거리를 찾았다. 길옆에 세워 놓은 막대에 '소매점'이라는 간판이 걸려 있는 것을 보았다. 이 가게가 마을에 유일한 상점인 것 같았다. 약간의 음료수와 간식거리를 사려고 상점에 들어가는데 '혼혈아의 집'이라는 글귀도 눈에 들어왔다.

이곳은 좁은 강을 사이에 두고 러시아인의 왕래가 가끔씩 이루어진다고 한다. 그러면서 러시아인과 연애를 하여 낳은 아이들이 가끔씩 생겨나는가 보다. 어른인 혼혈인이 있는 것을 보면 이런 상황은 오래전부터 이루어지고 있는 듯했다. 그래도 '혼혈아의 집'이라고 특별히 표시를 해 두는 것을 보면 이들도 흔치 않은 일이라고 생각하고 있는 모양이었다.

어둠이 내려앉은 강변을 따라 걸었다.

낮에 강변을 거닐면서 아주머니로부터 배운 노래를 흥얼거려 본다. 그 노래의 제목은 「예리야 뉘랑」이다. 노래 가사는 이렇다.

> 아주 먼 곳에 '예리야'라는 처녀가 있다
>
> 어떤 사람이 전하는 말에 의하면
>
> 예리야의 눈을 보면 한층 젊어지고
>
> 만약에 그녀를 끌어안기라도 한다면
>
> 영원히 늙지 않는다고 한다
>
> 나는 이 신비한 전설을 따라
>
> 그녀를 찾으러 간다
>
> 신비한 예리야 신비한 예리야
>
> 나는 반드시 그녀를 찾을 것이다

그녀는 이 가사의 예리야를 '헤이룽쟝(흑룡강)'으로 바꾸어 불렀다. 달빛이 어린 강가로 퍼져 나가는 노래 가사가 마음을 강하게 스쳐갔다.

다음 날 일찍 북극촌으로 향했다.

곧게 난 숲길을 따라 차는 달렸다. 차 안에서 아주머니는 어제 강변에서 주운 '마나오'라는 작은 돌들을 꺼내 보였다. 그러면서 마나오 수석에 대한 일가견을 자신 있게 들려주었다.

차는 곧게 난 비포장의 숲길을 달렸다. 나뭇가지 사이를 비집고 비춰 오는 햇살이 반짝이는 찬이슬 방울에 머물러 있다. 북극촌에 다다르니 이른 아침인데도 많은 여행자들이 있다. 아마 이곳에서 숙박을 한 여행자일 것이다. 이들은 아침 산책인 양 한가롭게 마을 길을 걸어 다녔다.

모허현의 중국북극점

여행은 여유의 시간이 있어 좋은가 보다. 시간으로부터의 해방이 다. 우리도 천천히 마을길을 활보하듯 주변을 기웃거리며 걸었다. 아주머니의 말대로 상업화된 마을은 베이홍과는 전혀 다른 느낌이 다. 세워 놓은 돌이나 나무 그리고 집들의 벽마다 공간이 있는 곳이면 '北'이라는 글자가 쓰여 있다. 마을길을 따라 흐르는 냇가에도 노란색 바탕에 빨강색의 '북'이라고 쓰인 깃발이 펄럭인다. 어찌 보면 이 넓은 중국 땅에서 가장 북쪽에 위치한다는 것은 여간 특별한 것이 아니다.

요즈음 우리나라에도 수많은 깃발이 펄럭인다. 언론에서는 이를 두고 태극기 부대라고 한다. 내가 사는 이 시대는 유난히 별난 일도 많이 있는 것 같다. 대통령 탄핵이라는 초유의 사건도 있었지만 이로 인하여 촛불 부대와 태극기 부대가 생겨났다. 꼭 몽고족과 싸우던 '삼별초의 난'과 같기도 하고, 일제이 씨 있던 마을의 의병군 같기도 한 인상을 준다.

한걸음 더 나아가 정치인들은 자기들이 촛불 부대의 상징이고, 태극기 부대의 후예인 것처럼 말을 한다. 솔직히 말해서 촛불 부대는 정의를 위해서 올바른 사회를 만들고자 일어났던 국민의 표현이지 어느 정권을 지지하고 창출하고자 행동했던 것이 아니다. 마찬가지로 태극기 부대 역시 탄핵에 대한 반대의 민의 표시이지 보수 정권의 대변자 활동이 아니었다.

하지만 지금은 촛불은 진보의 상징이고 태극기는 보수의 상징처럼 되어 버렸다. 아니 진보주의자는 태극기를 들지 말아야 하고 보수주의자는 촛불 행진에 들어가지 말아야 할 정도로 이분화되어 있다. 이처럼 민의의 발로인데 정치인은 이들을 사유화했다. 영남과 호남의 분열이 바로 이와 다르지 않았고, 남과 북이 또한 이와 같은 것은 아닌지. 옛 선조들의 당파 싸움을 다시 보고 있는 기분이다.

지금 생각해 보면 북극촌의 펄럭이는 깃발들이 우리나라 정치 사회에서 일어나는 현상을 조소 어린 생각으로 예견했는지도 모를 일이다.

이곳에는 '금계지관金鷄之冠'이란 명칭을 붙여준 공원이 있다. 중국 지도를 보면 마치 닭 모양과 유사하다. 흑룡강성 동쪽의 푸위엔抚远이 닭의 부리에 해당되고 서쪽 신강위그루자치구의 카스略什라는 도시가 닭의 꼬리에 해당된다. 그리고 남쪽의 해남도를 닭이 부화하고 있는 알이라고 표현한다. 그런데 이곳 북극촌은 닭의 볏에 해당하는 지점이다. 그래서 귀한 '금계의 관'이란 명칭을 주었다.
닭의 화려한 모양의 볏은 고귀한 품격의 상징이기도 하기에 이곳
사람들에게는 더욱 큰 의미를 가진다.

이제 2년이 지난 뒤 다시 모허를 여행하고 있는 것이다. 위엔터
우와 관음산 등을 둘러보고 마지막으로 아침 일찍 근교에 있는
'구곡십팔만九曲十八彎'이란 곳을 찾아갔다. 잠이 오지 않은 탓에 산
책 겸 찾아간 곳이다. 모허에서 택시를 타고 20분 정도를 가면 도
착한다. 전망대에서 바라본 삼림의 전경은 옅은 안개에 휩싸인 습
지로 변해 있었다. 서서히 안개가 걷히니 삼림 속으로 물길이 선명
하게 드러나기 시작했다. 마치 살아 있는 용이 숲속을 헤집고 이리
저리 돌아다니고 있는 듯이 보인다.

모허현의 구곡십팔만

특히나 올해는 잦은 비로 인하여 초원의 풀도 무성하게 자랐다. 후중呼中에서 버스를 타고 올 때는 도로가 장마로 유실되어 있기도 했다. 이로 인하여 친척 결혼식에 가는 사람들이 참석할 수 없게 된 상황에 무척 안절부절못하는 모습도 보았다.

타허에서 오는 기차가 삼림 숲속을 헤집고 경적을 울리며 지나가고 있다. 여객 열차는 하루 두 번 운행되지만 화물차는 수시로 이 철길을 지난다.

숲길로 접어들었다. 언제 어디서든 볼 수 있는 자작나무 숲은 이제 새롭거나 신기하게 보이지 않는다. 그만큼 익숙해져 있다는 말이다. 처음 순록의 무리를 보았을 때도 그랬다. 지금은 숲속에 가면 약속이라도 한 듯이 순록을 볼 수 있다는 생각이 자연스럽다.

이름 모를 각종 야생화 그리고 초목들이 아침 햇살에 한껏 생기를 뽐내고 있다. 숲길을 다니는 동안 냇가로 흘러야 하는 물이 불어난 탓에 온통 숲 사이로 흐르고 있다. 나무판자로 만든 숲길은 다른 여행자들이 지나지 않으면 왠지 위험할 것 같다는 생각이 지워지지 않을 정도다. 그만큼 물살이 방향 감각을 잃은 채 거세게 숲속을 지나가고 있다.

흑룡강성을 흐르는 강이나 하천의 물은 전혀 오염되지 않은 맑은 물이다. 특히 숲속을 흐르는 물은 더욱 청량감을 안겨 준다. 잠시 물가에 앉아 세수를 하면서 얼굴을 감싸 보았다. 한동안 차가운 기운이 온몸으로 퍼져 가는 상쾌한 기분을 느끼고 있었다.

열차 시간에 맞추어 숙소로 돌아왔다.

모허역 광장에 오니 시발역이지만 승객들이 많았다. 열차에 오르자마자 짐을 정리하고 있는데 강아지 울음소리가 들려왔다. 강아지 울음소리가 정겨워 울음소리가 나는 쪽으로 걸어갔다.

한 아주머니가 바구니에 강아지를 담고 보자기로 덮어 놓았다. 보자기를 열어 보니 어린 강아지가 마냥 귀여웠다. 촌으로 가는 열차나 버스를 타면 종종 애완동물인 강아지를 데리고 타는 것을 볼 수 있다. 중국의 애완견은 우리나라 못지않게 각 가정에서 사랑받고 있다. 애완견을 데리고 공원을 산책하는 사람들도 점점 더 늘어나고 있는 추세다.

나도 애완견을 데리고 있다. 딸이 스트레스를 해소하고 싶다면서 구해 온 강아지는 언제나 내 몫이 되었다. 한번은 딸이 중학교를 입학하자마자 공부하느라 바빴고, 또 한번은 시집을 가면서 두고 가는 바람에 강아지는 나와 함께 생활했다. 퇴직을 하고 난 뒤로는 이제 강아지가 나의 친구인 양 외로움을 달래주는 위안의 애완동물로 다가왔다.

모허현의 모허역

모허를 떠나면서 창가에 스치는 기억을 더듬고 있었다. 고국에서 여행을 떠나올 때 꼭 들르고 싶었던 곳이 바로 이곳이다. 30여 년 전 흑룡강성 노동자가 나에게 들려준 이곳의 생활상을 확인하고 싶었는지도 모른다. 8월에 눈을 만나고 숲속을 누비며 라메이와 훙떠우 그리고 버섯을 채취하는 환한 웃음 가득했던 사람들이 스쳐간다.

방금 전 모허역 앞을 흐르는 따린허大林河에서 그물을 드리우고 저녁이 오기를 기다리는 어부의 모습이 눈에 선하다. 그리고 베이훙에서 함께 여행을 하던 아주머니가 가르쳐준 「예리야 뉘랑」이란 노래를 흥얼거려 보면서 모허현에서 보낸 추억이 오랫동안 남아 있기를 바랐다.

Part 2

황금지로黃金之路
스빠짠十八站

흑룡강 상류에 후마허呼瑪河가 흐르는 '스빠짠'이란 작은 마을이 있다. 스빠짠이란 마을은 어룬춘족의 집단 거주지가 있는 곳으로도 이름난 곳이다. 이곳을 가기 위해서는 기차를 타고 타허현에서 내린다. 타허현에 내리면 버스를 타기도 하지만 터미널이나 기차역 부근에서 택시가 기다리고 있다. 또는 자가용이나 봉고차도 호객 행위를 하는 것을 쉽게 만난다. 타허에서 스빠짠까지는 약 1시간도 안 되어 도착을 한다. 물론 기차도 다니지만 하루 한 번 운행하는 시간에 맞추기가 불편하다.

스빠짠이란 지명 이름에는 역사적인 유래가 있다.

예전에 우리나라 조선시대 초기에 역참驛站이란 시설이 있었다. 그 당시 말은 물자의 이동과 통신 수단 그리고 전쟁의 군사물자로써 아주 중요한 수단이었다. 이때 필요한 곳에 역참을 두어 말을 관리하고 관원에게 말을 제공함으로써 국가의 통신망을 원활하게 하는 역할을 하였다. 현지인들이 말할 때는 스빠짠이라고 하지만 정확한 명칭은 '스빠이짠十八驛站'으로 쓰여 있다.

흑룡강성에는 내몽고와 접한 지역에 넌쟝嫩江이란 도시가 있다. 그렇게 큰 도시는 아니지만 북부 교통과 농업 그리고 상거래의 중심지로 자주 입에 오르는 지역이다.

즉, 넌쟝은 흑룡강성 제익의 농업지대라 할 만큼 농업이 발달된 도시다. 그리고 농업 개발의 근거지로서 예전에 '북대황北大荒'이라 불리던 이곳 흑룡강성을 개발하는 역할을 하던 중심 지역이기도 하다. 공원에 가면 '북대황'이라는 글씨를 새긴 비석이 있다. 그 비석 위에는 농업 개발에 쓰였던 대표적 농기계인 트랙터를 모형으로 만들어 올려놓았다.

이러한 넌쟝에서 시작하여 흑룡강성 최북단 모허에 이르기까지 서른세 개의 역참이 있었다. 역참의 시작점이기도 한 넌쟝 근교에 가면 삼거리 길에 말의 동상을 크게 세워 그 당시의 역참의 역사를 기리고 있다.

이 역참이 세워져 이동했던 길을 '황금지로'라고 한다. 즉, 모허의 황금광산에서 넌쟝까지 황금을 운반했던 길이다.

타허현의 스빠짠

옛날에는 이 길을 따라 황금이 운송 관리되고 중국 전역에서 귀하게 거래되었다. 지금도 흑룡강성 큰 도시의 거리에는 황금을 거래한다는 상점들이 눈에 띤다.

그 당시의 역참 이름이 숫자로 지도상에 지명화되어 버린 채 지금도 불리고 있다. 역참은 1역에서 33역까지 약 20㎞ 간격으로 이어진다. 이 역참들 중에 마을 간이 교통 중심기로 번성한 18번째의 역참이 지금의 스빠짠이란 면급의 마을이다.

스빠짠은 산으로 둘러싸인 인구 1만 명도 안 되는 작은 마을이다. 이곳은 타허현과 후마현을 잇는 교통의 가운데이고 주변으로 퍼져 있는 향촌의 중심 마을이다.

나는 이곳에서 나흘을 보냈다.

마을 가까이에는 어룬춘족의 집단 마을이 있다. 아마 이런 소수민족의 집단촌이 있기에 향촌 중에 더욱 발전하였는지도 모른다. 늦은 밤이지만 무료한 시간을 잊으려고 어룬춘 소수민족 마을로 향했다.

그들이 사는 마을은 한족이 사는 마을과 조금은 다른 줄 알았다. 지나가는 사람에게 물으니 조금만 더 가라고 한다. 수렵생활을 즐기던 그들의 원뿔형의 전형적인 주거 공간이 어둠 속에 희미하게 보인다. 자작나무 껍질로 만들었나 싶어 만져보았지만 시멘트로 만든 하나의 조형물에 불과했다.

순록의 조형물을 높이 세운 광장 한 귀퉁이에서 여인들의 목소리가 들려 왔다. 알아들을 수 없는 말이기에 그들의 고유 언어를 사용하고 있다는 것을 직감했다. 어룬춘족이냐고 물으니 그렇다고 한다. 이곳을 여행하는 여행자인데 노래를 불러줄 수 있겠느냐고 했더니 흔쾌히 응해 주었다. 조금은 쑥스러워하는 듯하면서도 진지하게 그들의 전통 노래를 불러주는 데 감사를 표했다.

어제 이곳에서 어룬춘족의 공연이 있었다고 한다. 아쉬움에 내일 다시 오면 어제의 공연을 다시 한 번 보여 줄 수 있느냐고 물었더니 알겠다고 했다. 우리는 아침에 만나기로 하고 헤어졌다.

날이 밝았다.

구름 한 점 없는 파란 하늘이다. 아침에 식사를 하자마자 다시 그곳으로 찾아갔다. 주변을 걸어 보았지만 사람 하나 보이지 않는다. 중국 정부가 제공해 준 규격이 일정한 형태의 단옥집들이 장방형의 형태로 늘어서 있다.

약속한 시간이 30분 정도 지나서야 한 분씩 걸어오고 있었다. 어제는 어두워 알지 못했지만 아주 노인분도 있고 모두가 육십 초 중반의 여인들이다. 이들은 집에서 그들 소수민족 전통 옷을 들고 나왔다. 그리고는 나의 옷도 한 벌을 준비해 주었다.

조금 늦은 시간에 언짢았던 마음이 눈 녹 듯 사그라졌다. 여섯 명의 그들은 오직 나 하나를 위해서 준비를 한 것이다. 오히려 무척 고맙고 뜻있는 추억으로 기억될 시간이기도 하다.

그들은 옷을 입는 나의 서툰 행동을 보면서 웃는다. 그러고는 한 분이 다가와 옷매무새를 만져 주었다. 우리는 춤과 노래로 반 시간을 함께 놀았다. 춤을 추고 노래를 하는 동안에는 많은 연습이 필요 없었다. 서로가 몇 마디만 하면 알았다는 듯이 약속한 율동으로 노래에 맞추어 춤을 추었다. 한 할머니가 자신의 서투른 율동이 틀릴까 봐 유심히 다른 분을 보며 따라하는가 하면, 틀렸다 싶으면 바로 고치려고 노력했다. 나는 할머니들의 진지한 태도에 감동했다.

순록의 조형물이 하늘로 날아갈 듯한 광장에서 내 마음도 날아갈 것만 같았다. 집에 계시던 할아버지, 아저씨들도 나와 구경을 했다. 혼자 여행 온 나를 위해 이렇게 대접해 주는 그들이 있다는 것을 사람들은 믿지 않을 것만 같았다.

언어를 배운다.

스빠짠 어뢴춘 소수민족 공연

여행은 단지 어디를 둘러본다는 것만은 아니다. 여행은 즐기는 것보다 그들과의 교감이 더 의미가 있다는 생각을 여기서 느끼고 있다. 외국에서 가장 많이 듣는 말이 '말할 줄 아느냐'는 말이다. 즉, 교감을 할 수 있는가를 물어오는 첫 번째 단계다. 언어가 통한다면 공통의 화젯거리를 만들어 가는 것이 두 번째 교감이고, 서서히 서로가 헤어짐을 아쉬워하는 정을 느끼는 것이 세 번째 교감이라고 정의하고 싶다.

나 역시 할머니들의 춤과 노래에 「아리랑」과 「도라지」라는 우리나라의 민요로 답해 주었다. 너무 즐거웠던 시간에 보답이라도 하고 싶어 오늘 점심을 대접하겠다고 하니 무척 고마워한다.

점심 식사 약속을 하고 헤어진 후 한 분의 집으로 들어가 집 구경을 했다. 몸이 불편하여 거동을 못하는 어르신이 계셨다. 인사를 하고 집을 잠시 둘러보았다. 구조는 아주 단순하다. 20평도 안 되는 집에서 문을 열자마자 입구 왼쪽으로 화장실이 있고 오른쪽으로 주방이 있다. 맞은편에 거실 그리고 옆으로 침실이 있다. 이것이 가옥 구조의 전부다. 이곳의 집 구조가 모두 똑같다.

호기심에 예전에 수렵 생활을 할 당시에 사용했던 총이 있느냐고 물었다. 이곳으로 이주해 오면서 중국 정부가 모두 수거를 했다고 한다. 지금은 정부가 제공해 준 밭에서 농사를 지으며 생활을 하는데 예전의 수렵 생활보다 지금이 더 편하다고 한다. 집 앞의 작은 텃밭에는 각종 채소들을 가꾸어 놓았다. 할머니가 토마토를 따서 먹으라고 건네주신다.

점심때가 되어 우리는 식당으로 갔다. 그들은 오랜만에 한자리에 모인 듯 서로가 웃음꽃을 피우며 수다가 끊이지 않았다. 나는 할머니들이 원하는 맛있는 것들을 부담 없이 드시라고 권했다. 하지만 식사보다 그들이 한자리에 만나서 이야기하는 모습이 더 행복해 보인다. 여덟 명 정도가 먹은 음식의 값은 200원(한화 3,5000원)을 넘지 않았다. 그들은 식사를 하면서 8월에 공연이 두 번 있으니 다음 해에 꼭 오라고 몇 번을 말한다. 나는 잊지 않고 다시 오겠다고 약속했다.

음식점을 나오려는데 한국인이라는 것을 알고는 식당 주인이 나를 불러 세운다. 자기 친구가 서울에서 일을 하고 있다며 그와 연락을 해 보라고 핸드폰으로 소개를 시켜 주었다. 나는 서울에 있는 그와 잠시 이야기를 나누었다. 이런 곳에서도 한국에서 일을 하면 돈을 벌 수 있다고 생각하는 사람들을 만난다는 것이 어렵지 않았다.

식당을 나오면서 할머니들에게 다시 꼭 오겠다고 하면서 한 분 한 분마다 맹세의 표시로 새끼손가락을 걸었다. 이국땅 이 먼 곳을 다시 오겠다고 한 약속을 나는 반드시 지킬 것이다. 그들과 함께한 인연의 소중함을 느끼기 때문이다.

오후의 시간은 주로 마을길을 걷는다. 작은 마을이지만 한편에 장이 서기도 한다. 이럴 때면 꼭 살 물건은 없지만 눈 쇼핑하는 마음으로 장터를 기웃거린다. 그리고 숙소 가까이 있는 '역원驛园'의 광장을 서성거리는 어른들과도 이야기를 나눈다. 해가 기울면 숙소로 돌아와 숙소 주인 부부와 함께 이야기를 하면서 밤을 보낸다. 이것이 여기서 지내는 하루의 일과처럼 되어 버렸다.

스빠짠에서 조금만 더 가면 흑룡강을 만난다. 오늘은 숙소 주인의 자가용을 타고 강변 싼허三合 마을로 향했다. 길에서 만난 양들과 잠시나마 함께 뛰어 보기도 하고 지나가는 사람에게 길을 묻기도 하면서 숲길을 달렸다. 오십 중반의 숙소 주인인 운전수는 어느새 다정한 친구로 변해 있었다.

강변 싼허 마을에는 러시아와 국경을 경계로 하는 강물에 우빠라오따오呉八老島라는 섬이 있다. 중국 군부대가 강변에 주둔하며 초소에서는 병사가 항시 이 섬을 내려다본다. 친구는 부대에 전달할 물건을 가지고 왔다면서 같이 들어가자고 했다. 친구가 말하길 들어가서는 가급적 말을 하지 말라고 한다. 그러면서도 친구는 나의 언어 정도라면 걱정하지 않는다고도 말한다. 어제부터 느꼈지만 이 친구는 매우 일을 잘 처리하는 수완이 있는 것 같았다. 그렇지만 외국에서 위험한 것을 알면서도 행동한다는 것은 지극히 무모하다는 생각이 들었다. 친구에게 섬을 사진으로 담아 오라고 부탁을 하면서 기다릴 테니 다녀오라고 했다.

흑룡강 우빠라오따오

　차가 부대 앞에서 멈추었다. 초병이 묻는 말에 친구가 간단히 무언가를 말했다. 바리케이드가 거둬지고 차는 군부대로 들어갔다.
　삼십 분 정도를 초소 앞의 조롱박이 늘어진 벤치에 앉아 있었다. 조롱박이 탐스러워 사진에 담으려 하니 군인이 다가온다. 병사는 조롱박을 보고 있는 나의 모습을 보고 더 이상 다가오지 않았다. 부대 옆 러시아를 향한 포문이 있었던 시멘트 방호가 쓸쓸해 보인다. 친구가 돌아왔다. 그는 내가 부탁한 대로 사진으로 담은 우빠라오따오의 풍경을 보여 주었다. 친구는 나의 언어 정도라면 신분증을 제시하지 않는 한 외국인이라고 생각지 않을 거라고 하면서 다시 한 번 추켜세운다

싼허 마을로 향했다.

어륜춘 마을인 싼허를 가는 강변에 유람선도 있지만 중국 순시선도 보인다. 싼허는 1백 가구도 안 되는 작은 마을로 주민들은 농경과 어업을 위주로 생활하고 있다. 이 마을은 1970년대 10년간 상하이, 흑룡강성 치치하얼, 그리고 가까운 후마현의 청년 2백 여 명이 '조국 수호'라는 이름으로 들어와 건설한 마을이다.

그리고 우빠라오따오를 두고 러시아와 싸울 때 이들도 민관군의 일원이 되어 조국을 위해 싸웠다고 기록되어 있다. 그래서 이 마을을 '전투촌'이라고 말한다. 지도상에 이 마을의 명칭이 싼허三合인 것은 건설 청년과 현지 민간인 그리고 군인 세 부류의 사람들이 힘을 합쳐 이곳을 지켰다고 하는데서 유래한다.

마을 안쪽 작은 공터에는 이들의 헌신과 노고를 잊지 않기 위해 아담한 동상도 만들어 놓았다.

다시 길을 떠나 바이인나白銀納 어륜춘 마을로 향했다.

이곳도 어륜춘 소수민족의 잡단 거주지라고 해도 과언이 아니다. 마을에 도착하니 아주 규모가 큰 광장이 나타났다. 그 큰 공간 구석에는 벼 이삭을 말리기 위해 트랙터가 오가고 있고, 한 아주머니는 뜨거운 태양 아래서 모자를 눌러쓰고 발로 곡식을 헤집으면서

이리저리 걸음을 옮기고 있었다.

어룬춘 소수민족 마을

마침 친구가 아는 집이 있다고 하여 찾아갔다. 주인은 반가이 맞아 주면서 차를 내어주기도 하고 담배를 건네기도 한다. 집 안에는 온통 자작나무 껍질로 만든 장식품들이 진열대에 쌓여 있다.

이곳 어룬춘족의 여인들은 대부분 한가한 시간이면 이렇게 자작나무 껍질을 이용한 소품들을 만들어 놓는다. 대부분 작은 소쿠리 모양이나 연필통 등이 많으며 간혹 옛날 돛을 달고 다니는 커다란 상선 같은 배를 만들기도 한다.

이 소품들은 짧은 여름 기간에 찾아오는 손님들에게 판매를 한다. 완전 수가공의 형태로 이루어지기 때문에 값이 의외로 비싸다. 가격이 비싼 것은 인민폐로 1천 원 이상의 값을 요구하기도 한다.

이런 사실도 알았다. 어룬춘족과 한족이 결혼을 하여 아이를 낳으면 부모의 결정에 따라 아이의 민족을 선택할 수 있다. 한족으로 살아가면 더 좋을 것 같지만 소수민족이 보호정책에 따른 혜택을 더 받는다고 한다.

스빠짠으로 돌아오는 길에 차는 숲길 어딘가로 한참을 달렸다. 후중에서 흘러온 후마허가 흐르는 미리도 긴났다. 나의 신구가 차를 몰고 오는 동안 어디로 가느냐고 묻지도 않았다. 모든 구경거리의 일정은 그가 알아서 잘해 줄 거라고 믿기 때문이다.

도착한 곳은 싸만산薩滿山이란 곳이다.

싸만산에 도착하니 입구에 커다란 자연석 바위가 나타났다. 싸만은 어룬춘 소수민족이 숭배하는 추장을 말한다고 한다. 햇살에 검은 바위가 그늘져 잘 보이지 않았으나 커다란 두상이 조각되어 있다. 처음에는 조각되어 있는 얼굴의 의미를 이해하기가 어려웠다.

조각 바위 앞에는 원형으로 만들어 놓은 넓은 공간이 있다. 분위기상 어룬춘족의 공연이 심심찮게 열린다는 것을 알 수 있다. 공간 주위로는 각종 깃발이 펄럭이고 가운데에 있는 원통의 물건은 공연에 쓰이는 화로라는 생각이 들었다.

현지인의 말에 의하면 매년 6월 23일 이곳에서 어룬춘족의 공연이 열린다고 한다. 공연의 주제는 어룬춘족의 추장 싸만을 숭배하는 것으로 수렵생활의 용맹성을 표현한다고 한다. 어룬춘족의 젊은이들이 함성을 지르며 북과 징을 치면서 공연을 하는 장면이 아주 인상적이라고 하면서 기회가 되면 꼭 보기를 바란다고 말한다.

광장 뒤로 난 숲길을 걸으며 아름답게 들려오는 새소리를 듣는다. 자작나무 껍질을 벗기는 사람들의 밝은 웃음소리도 들린다. 어룬춘족이 숭배하는 싸만의 은덕이라고 믿었다.

굵지도 않은 한 그루의 나무가 범상치 않다. 나무 기둥 아래에 사람의 얼굴 모양을 조각해 색칠을 해 놓았는데 옆에는 '산신山神'이란 글의 내용이 이렇게 쓰어 있다.

어뤈춘족은 산신을 '백나흡白那恰'이라고 한다. 사람들은 백나흡을 수렵을 하는 사냥꾼을 보호하는 신령이라고 믿는다. 그 신령의 위치는 어뤈춘족의 추장같은 '싸만'에 비유된다. 그래서 어 싸만산을 찾은 사람들은 '백나흡'이란 말을 염불하면서 풍년을 기원하고 산신에게 경배를 한다.

내 나름대로의 해석을 놓고 그냥 만족해 보았다.

싸만산을 떠나려는데 사람들이 입구에 모여 있다. 이곳 야생의 어린 곰을 잡아 우리에 두었다. 흑룡강성을 여행하면서 처음으로 보는 야생의 곰이다. 이곳에서 서식하는 곰의 품종은 '종웅棕熊'이다.

스빠짠의 싸만산

종웅은 '회웅灰熊'이라고도 하며 이곳 육식동물 중 가장 큰 포유 동물이다. 몸길이가 2.8m이고 어깨높이가 1.5m이며 암컷의 몸무게가 250㎏이고 수컷의 몸무게는 암컷의 3배나 된다고 한다. 시속 60㎞ 정도로 닥리고 한은대침협수님에서 살며 잡식이지만 특히 단맛의 꿀을 좋아한다. 동면기에 새끼를 낳고 봄에는 어미가 새끼곰을 데리고 산림을 다니며 노는 것을 볼 수 있다.

오후 늦게야 스빠짠으로 돌아왔다.

아침에 일어나 스빠짠을 떠나려 하는데 숙소 주인이 마침 오늘 체육관에서 공연이 있다고 한다. 여행자들이 적은 비수기라서 나를 잡아두고 싶었나 하는 생각도 들었다. 그렇다고 막상 어디로 떠난다 해도 나를 기다려 주는 사람이 누구일까를 생각하니 아무도 없다. 오히려 가지 말라고 붙잡아 주는 사람이 있다는 것으로 만족하고 저녁 공연을 기다렸다.

공연을 기다리는 동안에 마침 이곳에서 춤을 가르치는 여자분도 알게 되었다. 그녀는 입장표가 있어야 들어갈 수 있다면서 나는 걱정하지 말라고 한다. 공연을 기다리는 동안 숙소 주인의 어머니가 살고 있는 멀지 않은 교외로 갔다. 이렇게라도 저녁이 오기까지 시간을 소비하는 것이 현명할 것만 같았다.

집에 들어서니 누추하기 그지없다. 하지만 텃밭이 있고 각종 채소와 이름 모를 약초가 길러지는 전원적인 생활이 부럽기도 했다. 이 집은 찾기도 쉬운 곳이다. '스빠짠 유적'이라는 문화재를 표시하는 비문이 바로 집 옆에 있다. 마침 포클레인이 와서 주변을 정리하고 있었다.

숙소 주인의 어머니는 75세로 연로하지만 텃밭을 가꿀 정도로 건강하다. 할머니는 나에게 딸기도 따주고 삶은 완두콩도 주고 버섯과 말리고 있는 각종 열매도 보여 주면서 많은 것을 소개해 주었다. 나중에는 할아버지가 쓰시다 두고 가신 유품들을 보여 주면서 오래된 돋보기안경을 내게 선물하셨다. 담배도 권련을 직접 만들어서 피우라고 건넸다. 한 모금을 들이마시니 기침이 나오고 매우 맛이 독하다. 할머니는 자기를 찾아온 나에게 매우 감사하고 기뻐하는 모습이었다. 나 역시 이곳에서 한나절을 무료하지 않게 보냈다.

저녁이 되어 공연이 열리는 체육관으로 향했다. 약속한 대로 춤을 가르치는 여교사를 만났다. 입구에 들어서니 어린아이, 어른 할 것 없이 많은 사람들이 줄을 지어 입장을 기다리고 있다. 게다가 경찰들도 입구를 에워싸고 있다. 혹시 있을지도 모를 테러를 염려하고 있는지도 모른다.

중국은 어디서든 공연이 있고 사람들이 모여드는 곳이면 늘 경찰이 있다. 이들은 공연장의 질서와 치안을 위해서 많은 신경을 쓴다. 한번은 여행 중에 내몽고 후룬베이얼 만저우리滿洲里 밑에 씨치西旗라는 곳에서 몽고족들의 공연이 있었다. 공연을 시작하기 바로 직전에 의자에 앉아 있던 한 아주머니가 내 옆에서 갑자기 쓰러졌다. 앞에 있던 경찰들이 달려오고 구급차가 오면서 잠시 주변이 엄중 경계에 들어갔던 기억도 있다.

춤을 가르치는 여자분이 나를 데리고 가더니 경찰에게 뭐라고 말한다. 그리고는 함께 체육관에 들어갔다. 몸을 수색하는 검사봉을 든 경찰들도 내가 들어가는 것에 아무런 제지도 하지 않았다.

그녀의 대단한 힘을 느꼈다. 그녀는 나에게 자리를 지정해 주고 공연 준비를 하러 갔다. 이런 상황이라면 오늘 섬을 보기 위해 군부대도 들어갈걸 하는 생각도 스친다.

조금 있으니 어디에 있었는지 모르나 군인들의 위문 공연인 듯 군복을 달리한 육해공군 모두가 체육관으로 들어왔다. 육해공군 각각 200명씩은 되어 보인다. 청춘의 앳된 병사에서부터 직업군인인 듯 50세 정도 되어 보이는 군인들도 다수 있었다. 그리고 스빠짠 주민들도 모두 이곳에 모인 듯 체육관 안에는 빈자리가 하나도 없을 정도다. 그리고는 공연이 시작되기 전 군인들이 늠름하게 굵은 목소리로 군가를 합창하기도 했다.

공연의 주제는 무슨 의미인지는 모르지만 '放歌兴安岭 十九大'라고 쓰여 있다. 시작하기 전 애국가 같은 엄숙한 노래가 장내에 울

스빠짠의 무도 공연

더 피었다. 다시서 우리나라「아리랑」을 부를 때 여인들이 흰 천을 소매로 길게 늘어뜨리는 것처럼 이들도 흰 천의 옷소매를 휘감아 춤을 추기도 하고, 화려한 부채춤을 선보이기도 했다.

가끔씩 소수민족 전통의 복장을 한 사람들도 춤을 추며 무대의 공연에 열중했다. 공연이 끝나고 이어질 적마다 군인의 박수와 함성은 언제나 조직과 명령의 지휘하에 터져 나온다는 것을 실감했다.

공연의 무대는 현란한 조명 아래서 두 시간 정도 춤과 노래로 한 바탕 관중을 사로잡았다.

공연이 끝날 때까지 그녀는 불편한 것이 없느냐고 물으면서 몇 번을 다녀갔다. 그러면서 나의 옆자리에 앉은 사람에게 한국인이라고 말해 주기도 했다. 이 말을 들은 옆 사람은 놀란 듯 말을 붙여 왔다.

숙소로 돌아오는 길에 군인들의 함성이 들려온다. 그들은 줄을 맞추어 '하나, 둘, 셋, 넷' 구령을 붙이며 어둠 속으로 뛰어갔다.

아침에 숙소에서 식사를 하고 있는데 춤을 가르치는 여자 분이 들어왔다. 그녀는 어제 구경을 잘했느냐고 묻는다. 나는 매우 만족하다면서 무척 고맙다는 인사를 남겼다. 그리고 한 장의 기념사진도 남기면서 내년에도 꼭 오고 싶다고 말했다.

어룬춘의 할머니들이 보여 준 춤과 노래, 체육관에서 본 그들의 공연은 여행 중에 얻은 우연한 경험의 기회였다.

일 년이 지났다.

2018년 나는 다시 이 마을을 찾아갔다. 스빠짠에서 알게 된 많은 사람들과 그 추억이 나를 무척 반길 것만 같았다. 제일 먼저 들른 곳은 전에 묵었던 나의 친구가 운영하는 숙소다. 몇 달 전에 친구가 집수리를 하다 조립식 사다리에서 떨어져 얼굴을 크게 다쳤다는 소식을 들었기 때문이다.

가끔 그의 안부를 물었지만 실제로 이렇게 와서 위로를 해 주는 것이 친구와 두터운 우정을 남기는 데는 더없이 좋았다. 만나자마자 포옹을 하면서 그의 얼굴을 보았다. 입에서 귀로 선을 긋듯이 난 상처가 선명했다. 나는 그의 얼굴을 만지면서 많은 위로의 말을 해 주었다. 오랜만에 만난 우리는 밤이 깊어 가는 줄 몰랐다.

아침에 또 만나야 할 사람들이 있다. 1년 전 나를 위해 아낌없이 춤과 노래를 불러 주었던 할머니들이 생각났다. 할머니들은 잊었을지 몰라도 나는 다시 오겠다는 약속을 잊지 않았다. 하지만 이번에 스빠짠을 찾은 날은 8월의 마지막 날이다. 이때 공연이 있다는 이야기를 들어 날짜에 맞추어 온 것이다.

올해는 5년에 한 번 있는 65주년 어룬춘족 공연이 성대하게 이루어진다고 한다. 하지만 결과적으로 말하자면 세 차례의 공연 날짜 연기가 있었다. 한 번은 출연자의 소수민족 의상이 도착하지 않았다 하고, 한 번은 아직 무대가 마무리되지 않았다고 한다. 나중에는 이곳의 최고 높으신 분이 참석을 하는 날을 잡기 위해 또 연기되었다. 이렇게 세 차례나 연기되면서 이곳에서 열흘이란 시간을 보냈다.

지난해 만났던 할머니도 다시 만나고 주변의 친구들도 만나면서 꼭 오겠다는 약속을 지킨 것에 스스로 만족하고 있었다. 어느 할머니는 나를 기억하지 못하기도 했다. 할머니는 1년 전 집 안에 심겨진 토마토를 따서 나에게 먹으라고 했다는 말을 듣고서야 기억을 해 냈다.

8월 말에 갔지만 9월 초 열흘이 지나는 동안 날씨는 급격히 추워져 갔다. 의류점에서 내복도 구했다. 금방 가격이 비싸다고 숙소 아주머니에게 말한 내복을 아주머니는 세 배 싼 가격으로 가지고 왔다. 이런 것을 보면 촌마을이라고 다 순진스럽지는 않구나 하는 생각도 스쳐간다.

아무튼 소수민족 공연에 집착한 열흘이 어찌 보면 미련한 짓이 었지만 후회도 없다. 그저 여행자의 집념이라고 스스로 자위했다. 공연 날짜가 연기될 적마다 주변을 돌아다녔다.

하루는 스빠짠 교외의 흑돼지를 키우는 돼지 농장도 들르고, 목 이버섯 재배 단지도 둘러보았다. 흑돼지들은 넓은 공간에서 머드 팩을 하듯이 진흙탕에 뒹굴고 자갈 위에서도 뒹굴며 강한 햇살 아 래서 일광욕을 즐기고 있다. 이렇게 땅바닥에 등을 비비며 뒹구는 것은 몸에 붙은 기생충을 떼어내기 위한 행동이다. 흑돼지를 사육 하는 관리인은 이곳의 흑돼지가 순수한 토종이라고 하면서 이곳에 서는 종자돼지로 사육하고 있다고 한다.

스빠짠 목이버섯 재배농장

노지의 목이버섯은 비닐로 감싼 스티로폼 묶음에 구멍을 내어 종균을 주입하여 배양하는 방법으로 재배된다. 비닐하우스에서는 원통형의 스티로폼을 곶감을 만들기 위해 감을 주렁주렁 매달듯이 매달아 놓았다 관리인은 야생 목이버섯은 양식 목이버섯에 비하여 가격이 2~3배에 이른다고 한다. 그리고 기온이 급격히 낮아지는 8월 중순을 넘어서면 재배 시기가 끝날 무렵이라고 한다.

따쌍안링의 청정 지대에서 재배되는 이곳의 목이버섯은 흑룡강에서 제일의 품질을 자랑한다고 한다. 재배 기간이 지나서 남은 이삭줍기를 한 버섯을 봉지에 담아 가지고 왔다.

돌아오는 길에 우습기도 하고 황당하기도 한 일이 있었다. 택시를 타고 숙소로 돌아왔다. 운전수가 10원을 요구했지만 당연히 4원인 줄 알았던 것이다. 10원과 4원은 발음이 비슷하여 중국인조차 10원을 말할 때는 가끔 손가락으로 열십자 표시를 한다. 그만큼 4와 10의 발음은 헷갈리는 경우가 많다.

운전수가 다시 나에게 10원이라고 말했다. 결국은 바가지요금을 요구하느냐는 듯이 보고 있다가 주었다. 숙소로 돌아와 숙소 주인에게 불만 섞인 소리로 화난 듯이 이런 사실을 말했다. 숙소 주인은 웃으면서 말한다. 교외에서 택시를 타고 마을로 들어오는 경우 일반적으로 10원을 준다고 한다. 그 후로는 교외를 나가 산책을 즐기다가도 웬만하면 걸어 들어왔다. 오히려 주변의 소박하고 정겨운 농촌 풍경을 감상하는 풍취가 있어 좋았다.

열흘 동안 숙소로 돌아오면 늘 저녁 식사를 하면서 숙소 주인 부부와 한잔의 술도 즐기고 버섯을 다듬으면서 밤늦게까지 이런저런 이야기로 지루함을 달래곤 했다. 내가 있는 동안에는 비수기인지 찾아오는 손님이 없어 항상 수수 주인 부부와 나 셋뿐이었다.

스빠짠의 밤은 조용하지만 도로에 비쳐지는 네온사인의 불빛은 새벽이 오기까지 거리를 환하게 비춰 주고 있다. 특히 관공서에 달아 놓은 등이나 길의 기둥에 초롱처럼 달아 놓은 원형의 등에는 '역驛'이라는 글씨가 어둠 속에서 황금지로의 의미를 강하게 인상 지워 준다.

또 숙소에서 아주 가까이 '역원驛园'이라는 작은 공원이 있다. 1년 전에도 보수를 하고 있었는데 아직도 보수를 하고 있다. 공원 안의 바닥에 제1역참에서 제17역참까지의 노선을 하나하나 새겨 놓은 것이 특이하다.

이곳은 아직도 하루에 두세 번 정도 짐을 옮기는 마차가 거리를 지나는 것을 볼 수 있다. 호기심을 동원하여 마부에게 부탁을 하여 마차에 올라 마을길을 다녀보기도 했다. 삐거덕 소리를 내며 일렁거리고 기우뚱거리는 바퀴는 그 옛날 황금을 실어 나르던 마지막 골동품인가 싶었다. 그 이후로 마부와 길에서 마주치면 손을 들어 웃음의 인사도 아끼지 않았다.

또 하루는 지난해에 가 보지 못했던 한쟈위엔韓家园이란 마을을 둘러보기로 했다. 처음에는 한쟈위엔이란 곳이 어느 '韓'씨 명문가의 고택이 있는 그런 마을인 줄 알았다. 알고 보니 중국에서 최고로 아름다운 마을이라고 한다. 마음속에 많은 기대를 하고 출발했다. 한쟈위엔은 스빠짠에서 버스로 한 시간 정도 걸리는 남쪽에 있는 작은 마을이다.

터미널에서 마침 한자위엔을 가는 청년의 자가용을 타고 갈 수 있었다. 가는 도중에 어륀춘문화원을 가는 입구에서 한 장의 사진도 남겼다. 한쟈위엔을 가는 내내 울창한 숲길이 이어지고 있다. 마을에 도착을 하니 약속했던 버스비보다 10원을 더 달라고 한다. 이유는 오는 도중에 내려서 사진을 찍으면서 시간을 지체했기 때문이라고 한다. 돈을 받고 떠나는 젊은 청년의 태도가 성 없어 보였다. 그가 데려다 준 숙소도 마음에 들지 않았다. 갑자기 불안한 생각이 들었다. 한마디 불평의 말도 없이 그를 보냈다. 그러고는 내 스스로 숙소를 구한다고 비싸지만 안전한 곳을 찾았다. 하루 200원의 숙소인 쟈위엔家園빈관이다. 이런 작은 마을에 이렇게 좋은 숙소가 존재하는 것도 놀라웠다.

이곳이 중국에서 최고로 아름다운 촌이라기에 곧 바로 호기심을 갖고 마을을 산책했다. 흑룡강성에서 흔히 볼 수 있는 일반 주택과는 달리 모두가 아파트식으로 집단 거주 형태를 취하고 있는 마을이다. 오천 명 정도가 살아가고 있는 마을이라지만 장방형의 거리는 깔끔했으며 가끔씩 도로를 청소하는 청소부도 있었다. 아파트 동마다 주변의 화원과 잔디밭은 전원적인 마을을 이루기에 충분했다. 삼림으로 덮인 마을의 공기는 최고의 청정 지역이라고 하기에 손색이 없어 보였다.

사람들이 보이지 않는 평온한 가을 숲속의 전원 마을이라고 말해도 좋을 듯하다. 흑룡강성의 인구는 약 3,500만 명 정도라고 한다. 하지만 땅의 크기는 우리나라의 4~5배 정도이니 중국의 14억 인구라는 말이 이곳에서는 실감이 나지 않을 정도로 한산하다.

스빠짠의 주변에 있는 돌이나 바위에는 '역驛'이라는 한자가 쓰여 있는 반면에 한쟈위엔 마을 정원에는 놓인 바위마다 '금金'이라는 글자가 새겨져 있다. 근교 공원 가운데 설치된 조각물에는 금을 캐는 기계를 상징물로 만들어 놓기도 했다. 현재도 국가의 엄격한 관리가 시행되고 있는 가운데서도 몰래 금을 찾는 사람들이 있다고 한다.

어둠이 내릴 즈음 광장에 '中國最美小鎭'이라고 쓰인 넓은 벽면 앞에서 음악을 틀어 놓고 열 명 정도의 마을 사람들이 춤을 추고 있다. 누가 정한 최고의 미를 가진 마을이라고 말하든 상관은 없다. 내가 사는 마을이 최고로 좋다는 마음이 중요하지 않을까?

저녁을 먹으러 식당에 들어갔다. 내몽고 쟈거다치加格达奇에서 출장을 왔다는 철도 복무원 두 명과 자리를 함께했다. 이곳은 아침 일찍 아니 새벽에 한 번 열차가 운행되고 있다. 쟈거다치에서 오는 열차가 마지막으로 머무는 종착역이다. 그들은 여기까지 온 나를 기이하게 여기면서 여러 가지를 물어왔다.

아름다운 마을 한자위엔

식사를 마치고 그들이 돌아간 후 계산한 식사비가 의외로 비싸다는 생각이 들었다. 무언가 바가지요금을 요구한 것 같았다. 이곳에서는 돈을 소비함에 있어 주의를 해야겠다는 생각이 강하게 스처갔다. 식당을 나오니 마을의 불 켜진 곳도 거리의 가로등도 보이지 않았다. 숙소로 돌아오는 길을 잃었다. 저 멀리 불빛이 있어 찾아가니 식당에 사람들의 소리가 들린다. 식당 주인에게 길을 잃었다고 하면서 숙소를 이야기했다. 그는 직접 나와 숙소의 프런트까지 데려다 주고 돌아갔다. 이렇게 고마운 사람도 있다.

조용하다기보다 정적으로 휩싸인 밤이다. 방 안에 들어오니 내가 존재하고 있는지 의심스러울 정도다. 차라리 개나 닭의 울음소리라도 들려왔으면 좋을 것 같았다.

아침에 산책을 한다고 일찍 숙소를 나왔다. 깨끗한 마을길에는 사람 하나 보이지 않는다. 온통 삼림 지대로 둘러싸인 마을은 9월 초순인데도 벌써 추위를 걱정해야 할 날씨다.

마침 봉고차 같은 택시가 온다. 운전수에게 이 지역의 볼거리를 구경시켜 달라고 했다. 그러면서 어제의 바가지요금을 생각하여 미리 가격에 대한 약속을 다짐 받기도 했다. 운전수는 나의 물음의 의미를 알고 주변의 볼 만한 장소를 구경시켜 줬다.

마을 어귀에 있는 금수호金水湖와 쌍하원雙河源국가습지공원 입구의 주변을 함께 다녔다. 가뭄을 타고 있는 금수호는 바닥을 드러내고 있다. 햇살이 밝게 비출 때 물이 가득하면 아래 금가루가 섞여 있는 모래로부터 금빛을 드러낸다고 하여 붙여 준 이름이라고 한다.

택시 기사는 사진을 다시 찍어 달라고 하는 몇 번의 권유에도 전혀 화를 내지 않았다. 구경을 마치고 돌아오는 시간에는 아이들이 등교를 하고 있었다.

숙소로 돌아와 퇴실을 하면서 프런트 복무원에게 이곳에서 있었던 일을 이야기했다. 어제의 기분 상하게 했던 운전수와 오늘 함께 주변을 둘러본 친절했던 운전수, 바가지요금을 받은 식당 주인과 어두운 밤에 숙소까지 길을 안내해 준 식당 아저씨를 이야기했다.

복무원은 어제 운전수의 차 번호를 적어 두면서 말한다. 이런 개인 자가용은 가능한 한 타지 말라고 한다. 사고가 나면 보험 처리도 안 되는 아주 위험한 행동이라고 한다.

그동안 중국을 여행하면서 수없이 자가용 영업 택시를 이용하기도 했다. 앞으로는 절대로 타지 않을 것이라고 마음속으로 다짐도 해 본다. 그동안 큰 변고 없이 다닌 것만으로도 감사할 일이다.

숙소를 나오는 나에게 복무원이 다음에 또 오라면서 두 병의 생수를 건네주었다. 하루를 머문 한쟈위엔에서 나는 좋은 사람, 나쁜 사람을 동시에 경험했다.

훗날 알게 된 사실이지만 한쟈위엔은 우리나라 역사와 아주 인연이 있는 곳이기도 하다. 이곳이 단군 시대의 환웅12국 중의 하나인 양운환국이란 부족 국가의 중심 지역으로 기록되어 있다.

우리는 우리나라의 역사를 이야기할 때 단군신화 또는 단군설화라는 말을 자주 한다. 그래서 어떤 일이 있으면 단군 이래 최대의 사건이라고 하면서 사건의 중요성을 크게 부각시킨다.

사실 종교적 관념의 내용이 삽입되는 신화적 이야기나 우리 민족의 자긍심을 돋워 주는 말로 전하는 설화는 역사는 아니다. 하지만 그렇다고 전혀 사실을 벗어난 이야기라고 치부할 수도 없다.

언어와 글이 생겨나기 전의 기록되지 않은 시대라 할지언정 전혀 무시할 수 없기 때문이다.

스빠짠으로 돌아왔다.

하지만 소수민족의 공연은 또 연기되어 있었다. 이제는 늘 공연 날짜를 가르쳐 주던 젊은이도 나에게 미안해하는 눈치가 역력했다. 귀국을 얼마 남겨두지 않은 나는 결국 아쉬운 발걸음을 옮겼다.

인생의 모든 것이 아니 나에게 일어나는 모든 것이 늘 내 입맛에 맞게 이루어지지는 않는다. 여행을 하다 보면 이럴 수도 저럴 수도 있는 것이다. 오히려 세상이 나를 중심으로 돌아가고 있다면 더욱 이상한 일이다.

친구에게 공연의 장면을 담은 사진과 영상을 부탁하고는 상점에 들러 이곳의 특산물인 목이버섯을 챙기면서 스빠짠을 떠났다.

Part 3

따씽안링大兴安岭을 적시는
후마허呼瑪河

흑룡강성에는 북부 삼림 지역에서 내몽고를 포함하여 최고로 높은 산이 있다. 바로 해발 약 1,500여m가 되는 삼림 속의 고봉이라 불리는 대백산大白山이다. 겨울이 되어 눈이 내리면 나무가 없는 정상은 하얀 설원의 천지로 변한다. 이렇게 산꼭대기만이 하얀 눈으로 덮여 있는 형상을 보고 대백산이라고 이름 지었다.

그리고 흑룡강성 북부를 가로지르는 후마허의 원류가 되는 곳이 바로 이곳 대백산이다. 이곳에서 흘러나오는 물은 반원을 그리며 동쪽 방향의 후중呼中과 타허塔河를 지나 후마呼瑪에 이르러 흑룡강을 만난다. 이렇게 흐르는 물줄기를 후마허라고 한다. 후마허는 흑룡강성 북부의 산림 지대를 적시는 가장 긴 하河로 알려져 있다.

고봉 정상의 민둥산을 둘러싸고 있는 대백산의 원시 삼림은 가히 흑룡강성 최대 밀림 지대라 해도 과언이 아니다. 가도 가도 끝없는 삼림 속의 숲길을 지나노라면 내가 어디에 있는지조차 헷갈릴 정도다.

대백산은 지형상 삼림 속에 우뚝 솟아 흑룡강성 주변을 두루 내려다보고 있는 형상이다, 그런 이유로 중러 전쟁이나 중일 전쟁을 겪을 때마다 항상 이 대백산은 제일 먼저 점령지의 대상이 되었다.

그만큼 전략상으로도 중요한 위치를 차지한다.

대백산 남쪽 기슭에는 뿌쑤리布苏里라는 지역이 있다. 이곳에는 러시아의 옛 병영이 존재한다. 지금은 '뿌쑤리북강군사문화여유구布苏里北疆軍事文化旅游区'라고 하여 중국인들의 군사 여행지로 되어 있다.

이곳을 가기 위해 아리허阿里河에서 버스를 탔다. 아리허는 지난겨울에도 다녀간 곳이다. 버스에 오르니 그 당시에 어뢴촌민족박물관과 가시엔똥嘎仙洞이라는 동굴을 둘러본 기억이 되살아나고 있었다.

뿌쑤리북강군사문화여유구는 아리허 버스터미널에서 30분 정도를 달린 도로변에 바로 위치해 있다. 들어가는 입구부터 보초를 서고 있는 군인의 모습이 보인다. 이 병영은 이제 여행자의 관람 현장으로 변해 있다.

뿌쑤리북강군사문화여유구

여름인데도 땅굴의 요새 안으로 들어가면 춥다고 한다. 안내원이 갱도 입구에서 중국군 특유의 무거운 군복 외투를 입으라고 한다. 동굴로 들어가니 한기가 얼굴을 스친다. 축축한 바닥은 내부의 습기를 더하고 있다. 숲속의 병영마다 이렇게 지하 갱도를 건설해 놓았다. 갱도 안으로 들어가니 옆으로 난 구멍마다 그들의 생활 공간이며 군수 물자를 두었던 공간들이 나타났다. 유류를 옮기고 저장하는 관들도 여기저기 벽을 통하여 연결되어 있다. 그 당시 이곳에는 군수 물자 및 철도 교통에 필요한 기름을 저장해 두는 유류 창고가 있었다. 기름 2,000톤을 저장하는 원형의 통이 7개나 되고 크고 작은 통도 다수가 있다고 한다.

지하의 끝이 보이지 않는 곳에 한 사람만이 간신히 다닐 수 있는 계단으로 난 통로가 있다. 여기에는 이렇게 쓰여 있다.

'동굴 내부는 습하고 항상 얼어 있으며 하루 종일 해가 비치지 않는다. 이렇게 열악한 환경 속에서 여병사 두 명이 교대로 철판을 가지고 동굴 속을 드나들었다. 3년여에 걸쳐 일을 하면서 철판을 용접하여 원통형의 유류 창고를 완성하였다. 끝으로 이 공정을 완성하기까지 수많은 열사들의 선혈과 생명이 제공되었다'.

협소한 공간이었기에 남자 병사보다 여자 병사가 활동이나 작업을 하기에 더 편리했다는 이유에서다. 이렇게 하여 지하 갱도가 아홉 개가 완성되었다. 이 지하 공간에는 군수 물자들이 다량 저장되었음은 물론이다.

그리고 지하 갱도를 관리하는 지휘부는 사무실, 식당, 생활하는 공간 등이 토굴로 되어 있어 추운 겨울에도 난방 장치가 필요 없었다고 한다. 밖을 나와 군복 외투를 벗으니 몸이 날아갈 듯이 가벼운 느낌을 받는다.

'북국군 제일 초소'라고 쓰여 있는 비석 앞의 작은 공간에 녹슨 탱크 한 대가 그 당시의 역사를 대변하듯 놓여 있다. 이처럼 대백산 기슭에 있는 군사 요충지는 흑룡강성을 지켜내는 데 아주 중요한 역할을 했다.

대백산을 오기 전 내몽고의 큰 도시인 쟈거다치加格达奇가 있다. 이 도시는 지도에서 보면 내몽고에 있으면서도 행정 구역상 흑룡강성에 속해 있다. 이 도시의 주변에 있는 따씽안링의 숲은 내몽고에 속한다고 한다. 쟈거다치역에서 내려 정면을 보면 가까이 산이 보인다. 쟈거다치 시민이 애호하는 삼림공원이다. 나는 이곳을 들를 적마다 임해명주林海明珠라는 공원을 산책했다. 낙엽송의 떨어진 비늘낙엽을 밟으며 숲속을 걷다 보면 마음이 한결 부드러워지는 것을 느낀다.

한번은 이곳에서 '란메이' 축제를 즐겼다. 폭죽소리에 놀라고 축제장의 인파에 놀랐다. 축제장을 들어가기 위해 현지인들이 모여들었다. 건물 벽을 타고 공사장 울타리를 넘어 들어가는 것을 보고 나도 위험한 행동에 용감히 응했다. 축제장에는 붉은 현판에 '따씽안링 제8회 국제 란메이지예'라고 쓰여 있다.

약간의 비가 내리는 가운데서도 사람들은 축제장을 떠날 줄 몰랐다. 현지 고위급 인사들의 연설과 인사가 끝나자 공연이 시작되었다. 위엄 있게 들려오는 북소리가 빗속에서 주위를 압도한다. 춤과 노래가 연이어 이어지고 사람들은 환성을 올리며 흥을 더했다. 축제 전시장에는 '란메이'를 재료로 만든 음료수, 음식, 과자, 술 등이 다양하게 진열되어 사람들을 불러들인다.

란메이(블루베리) 재배지

'란메이'라는 열매는 '블루베리'인데 흑룡강성의 농촌 지역에서는 적지 않은 소득원으로도 좋은 열매다. 쟈거다치의 한온대식물원에 있는 란메이 종묘 생산단지도 들러 보았다. 3년이면 열매를 맺는다고 하면서 재배 방법을 자세히 설명해 주는 농장주를 만났다. 그는 이때쯤이면 야생에서 생산되는 란메이가 많이 있다면서 야생의 란메이를 추천해 주었다.

이처럼 대백산의 줄기를 타고 있는 마을들은 이맘때면 산에서 나는 임산물을 생계 소득원으로 삼기에 충분하다.

쟈거다치의 란메이 축제를 구경하고 후중呼中으로 향했다. 후중으로 가는 버스는 하루에 한두 번밖에 없다. 사람들이 쟈거다치의 버스터미널 부근에서 후중으로 가는 자가용을 알아보라고 한다.

중국의 교통 수단으로 늘 이런 상황을 접하곤 한다. 자가용을 섭외하는 데는 오래 걸리지 않았다. 차비도 예상외로 비싸지도 않았다. 운전수가 시간적 여유가 있고 그곳으로 가는 사람이면 그렇게 비싸게 값을 요구하지 않는다.

후중은 대백산 줄기의 삼림과 목재업에 종사하고 있는 사람들이 거주하고 있는 작은 마을이다. 후중으로 가는 길에는 날씨가 유난히 맑았다. 하늘의 구름이 높아 보이는 것을 보고 어느새 천고마비의 가을이 금방 다가와 있는 것을 실감하고 있었다.

대백산에서 이름 있는 풍경구로는 후중을 가는 도중에 있는 창산蒼山이란 곳이 있다. 대백산 기슭의 백산白山을 지날 즈음에는 비가 내리고 조금 더 오르니 눈이 내린다. 이렇게 하루에 몇 번의 날씨 변화를 겪는 일도 흔치 않았다. 내 평생에 8월 말에 눈을 만나는 여행은 처음이기도 하고 괜스레 마음이 설레기도 하다. 숲길을 지나는 도로변으로 벌목에 필요한 기계 기구들이 전시되어 있고, 벌목공들의 애환이 담긴 벌목하는 모습의 조형물들이 그 당시의 힘들었을 고통을 말해 주고 있다.

대백산의 창산 석림공원

창산을 가는 입구에 들어섰다. 매표소에 사람의 그림자도 보이지 않았다. 을씨년스러운 추위에 매표소 직원들도 손님이 없으니 모두 사무실 난로에서 꼼짝을 않는다. 나도 잠시 그들과 함께 난로 앞에 앉았다. 밖에는 눈과 비가 섞여 진눈깨비가 되어 내리고 있다.

복무원은 혼자 이곳을 여행하는 사람이 흔치 않다면서 유심히 나를 바라본다. 사실 그렇다. 목재소의 내 친구가 이곳을 여행하는 사람은 거의 없으나 가 보면 산림 속의 신선이 될 거라고 아주 추천해 준 곳이다. 그 친구는 직업상 이곳을 가끔 다녀간다고 했다.

몸을 녹인 후 출발을 서둘렀다. 창산을 관람하려면 입구에서 산악용 국방색 소형 트럭을 타야 한다. 운전수와 함께 산길을 올랐다. 다른 여행자라고는 아무도 보이지 않았다. 이곳은 숲속의 석림이라고 할 정도로 기묘한 바위들이 많이 산재해 있다.

나무 계단을 오르면서 숲과 어우러진 바위의 여러 가지 형상들을 감상했다. 숲속의 바위 중에 '北國一柱'라고 쓰여 있는 바위가 이 창산의 백미로 남을 만하다. 이 지역을 떠받치고 있는 돌기둥의 형상을 표현한 말이다.

숲속의 촉촉이 젖은 수풀 속에는 커다란 버섯들이 자연 그대로 남아 있다. 몇 개를 채취하여 배낭에 넣었다. 한 시간 정도를 둘러보고 석림의 숲속을 나왔다. 구경을 마치고 나오는 길옆에 써 있는 '눈이 즐거웠는가?'라는 글씨가 신선하게 다가왔다.

5시간 이상을 소요하며 오후 늦게 후중에 도착했다.

날씨가 추워지니 거리를 다니는 행인들의 발걸음도 뜸하다. 게다가 구름이 낮게 드리우고 이슬비도 내리니 오후 4시인데도 길거리가 어두워 보인다. 이럴 때는 좋은 숙소를 찾아가도 비수기인 만큼 방값이 그리 비싸지 않다.

숙소 여자분이 나의 신분증을 보고는 자기와 동갑내기라고 한다. 그녀는 나에게 유달리 친절하게 대하면서 저녁 식사를 함께하자고 청한다. 아마 손님이 없는 상황에서 넓은 프런트의 공간에 허전함을 달래 줄 유일한 손님이었는가 보다.

창산에서 따온 버섯을 보여 주었더니 먹지 못하는 것들이라고 한다. 나는 어쩌다 무언가를 하려 하면 이렇게 쓸모없는 일을 할 때가 많이 있다. 버리고 말았다.

무료함을 잊고자 거리를 걸었다. 길게 난 중심도로 이외에는 옆으로 난 길이 그리 길지 않았다. 그만큼 산으로 둘러싸인 작은 마을이다. 게다가 추운 날씨의 마을 거리는 사람이 거의 보이지 않았다. 어쩌다 보이는 사람은 벌써 두툼한 옷을 입고 있다. 나도 의류점에 들러 따뜻한 내복과 장갑까지 샀다.

동북을 여행하면서 새로운 경험의 기회라고 마음으로 만족했다. 본래 외국에서 새로운 일을 만나거나 경험을 한다는 것이 여행의 의미이고 즐거움이 아니겠는가?

중국인들은 '최고', '최대'라는 말을 애용한다. 후중역 터미널 앞에 놓여 있는 커다란 표지판에는 '최고로 추운 작은 마을'이라고 자랑스럽게 써 놓았다. 8월의 이런 날씨를 보면 틀린 말도 아닌 듯하다.

숙소로 돌아오니 아주머니가 저녁을 같이 먹을 수 있느냐고 재차 물어왔다. 당연히 고마운 말이다. 이런 사람들이 있기에 여행을 생각하면 자꾸 중국을 꿈꾸고 있는지도 모른다. 주인과 주방 아주머니 그리고 인근에서 놀러 온 여자분 모두 네 명이 프런트의 넓은 공간에서 식사를 즐겼다. 주방 아주머니는 한국인을 만난 것이 신기한 듯 여러 음식을 선보이거나 많은 관심을 나타냈다. 반찬을 선보일 적마다 농약을 치지 않은 무공해 음식이라고 여러 차례 강조를 하기도 한다.

여행을 하면서 가정집을 방문할 기회가 종종 있었다. 그들은 손님으로 찾아와 준 나를 위해서 나름대로 특별한 음식을 만들어 주기도 했다. 식사를 하면서 각종 반찬 음식을 두고 집에서 농약을 뿌리지 않고 재배한 것이라고 강조하는 이야기를 자주 들었다.

내가 잘 아는 아주머니도 양파 집산지를 가면서 농약을 많이 사용하기 때문에 음식점에서나 먹기는 해도 가정집에서는 즐겨 먹지 않는다고 한다. 그러면서 집에서 키운 양파의 일종인 '마오총毛葱'을 양파 대신 먹는다고 한다.

마오총은 흑토지에서 잘 자라는데 추위에 강하고 생장 기간이 두 달 정도이다. 그래서 한랭 지대인 중국 북방에서 재배가 많이 된다. 모양은 양파와 같으나 색깔과 크기는 적갈색으로 탁구공 정도이다. 마오총의 영양 성분도 양파에 비해 전혀 모자라지 않는다고 한다.

이처럼 중국인도 유기농이니 자연식품이니 하는 문제에 크게 관심을 가지고 있다는 인상을 강하게 받았다.

동물이든 식물이든 대량사육과 대량재배 시 밀집된 공간으로 인하여 각종 전염병과 질병을 유발하기 쉽다. 그러기에 이에 대처하는 예방약도 끊임없이 연구 개발되어 사용된다. 이로 인하여 2차

로 인간이 피해를 받는 것은 어쩌면 당연한 일이다

음식을 배불리 먹고 난 뒤 찾아오는 손님은 달콤한 잠이다.

다음 날 아침 숙소 주인의 말을 듣고 후마허를 따라 삐쉐이碧水로 향했다. 숙소 주인이 버스 운전수에게 한국인이라고 소개를 한다. 이곳 사람들만이 이용하는 소형 마을버스는 후중과 삐쉐이를 하루 두 번 운행한다. 숲길을 달리는 삐쉐이로 가는 버스는 20분 정도 걸린다.

버스에서 내리자마자 현지인에게 물어물어 불산佛山으로 향했다. 날씨가 흐리니 비가 올까 봐 마음이 조급해진다. 어제부터 날씨도 흐리고 비가 내린 탓에 길이 진창으로 변해 있었다. 힘들게 차를 운전하면서 가는 젊은이가 왜 이런 곳을 여행하느냐고 물어왔다. 나는 특별히 설명할 마땅한 대답이 떠오르지 않았다. 사람들이 이곳이 아주 조용하고 아늑한 곳이어서 피서를 즐기기에 좋다고 하는 말을 들었다고 했다.

젊은이는 피서를 즐기기를 바란다면 7월에 오면 좋을 거라고 한다. 그러면서 자신은 한 번도 이곳을 떠나 생활해 본 적이 없다고 한다. 겨울이면 목재소에서 일을 하고 여름이면 택시 운전을 하면서 생계를 이어 간다고 한다. 욕심을 부리지 않는다면 먹고사는 형편은 그리 부족함을 느끼지는 않는다는 표정이다.

드디어 불산에 도착했다.

10여 분 정도 길을 올라가면 경치를 볼 수 있다고 한다. 산길을 오르면서 야생의 란메이 열매를 따 먹기도 하고, 야생화를 보면 신기함에 사진에 담기도 잊지 않았다. 불산에 오르니 작은 불상이 바위 난간에 세워져 있다. 불상을 향해 세 번의 절을 하면서 불공을 드렸다 물론 나의 인진한 내행을 기원하는 마음에서다.

정상에서 주변을 굽어보니 산들을 감싸고도는 후마허의 선명한 물줄기가 눈에 들어왔다. 숲이 우거진 곳에서는 물줄기가 나타났다 없어지기를 반복한다. 불상을 뒤로하고 바위에 걸터앉아 한참을 그곳에 있었다.

삐쉐이 불산에서 본 후마허

어쩌다 여기까지 왔을까?

이렇게 건강하게 여행을 즐길 수 있는 시간이 앞으로 얼마나 더 남아 있을까? 내 인생 사주에 무슨 역마살이 있어 이렇게 헤매고 있는지 모르겠다.

고등학교 입학 시험에 몇 번을 실패하여 학교를 포기하고 있을 때 점쟁이를 찾아간 적이 있다. 점쟁이는 쌀알을 탁자에 자기 기분에 맞추어 던져 놓고는 말했다. 점쟁이의 점괘로 본 나는 외국물을 먹을 사주라고 했다.

1970년대 초면 외국을 이야기할 정도로 한가로운 시절도 아니다. 하지만 지금 외국을 여행하면서 늘 이 점쟁이의 말이 생각나게 하는 떠돌이 생활을 보게 된다. 짧은 인생에서 인간은 알 수 없는 많은 일들을 겪으면서 살아가고 있다는 것을 새삼 느끼게 한다.

뒤에서 부처님은 나를 보고 나는 후마허의 원류를 보고 있다. 주변의 모든 것이 잠시 스쳐가듯 짧은 불자의 인연으로 남았다.

다시 길을 재촉해 문화유산 중점구인 북산동北山洞이라는 고대 동굴을 찾았다. 여행자의 발길이 거의 없는지 돌계단 사이의 틈새로 이끼와 작은 풀들이 자라 있었다. 산허리를 감싸고돌아 들어간 곳에 허름한 동굴이 보인다. 동굴은 무너져 수리 중이고 '중점문화유산'이라 쓰인 현판도 옆으로 걸려 떨어질 것만 같다. 간단히 말하면 우리나라 충북 제천의 점말동굴과 같은 문화유적이다.

삐쉐이 마을로 돌아와 철길의 종착역을 보고 싶었다.

야트막한 산으로 둘러싸인 마을이 회색의 구름에 눌리어 침묵에 잠긴 듯 조용하기만 하다. 예전에 충북 제천에서 교직 생활을 하고 있을 때 강원도 태백 쪽으로 열차를 타고 간 적이 있다. 증산이란 곳에서 구절리행 기차를 타고 가면서 이런 오지에 철로가 있다는 것만으로도 놀란 적이 있었다. 이곳 역시 그와 다름이 없을 정도다.

쟈거다치에서 출발한 열차는 후중을 지나 종착역인 삐쉐이에 다다른다. 하지만 쟈거다치에서 오는 열차가 비수기에는 경제적으로

운행이 여의치 않은가 보다. 기관차와 한 칸의 승객을 태우고 다니
던 객차마저 운행이 중단되고 말았다. 종착역인 삐쉐이의 기차역은
잡초 무성한 채로 기약 없는 기적소리만을 기다리고 있을 뿐이다.

삐쉐이 철로의 끝자락에 발을 올려놓고 곰곰이 생각해 보았다.
종착역이란 말을 들으면 우리는 어떤 느낌을 갖게 될지 궁금하다.
바로 다가오는 느낌은 더 이상 갈 수 없는 '막다름'이다.

또 종착역 앞에 수식어로 인생, 이별 같은 슬픈 단어가 자주 쓰
인다. 하지만 하행선이 없는 종착역은 동전의 양면처럼 마지막이기
도 하고 시작의 출발점이기도 하다. 그러기에 삐쉐이역의 대합실은
언젠가는 찾아올 손님을 기다리고 있는지도 모른다.

삐쉐이 종착역

후중으로 돌아왔다.

삐쉐이로 갈 때의 버스 운전수를 또 만났다. 운전수가 먼저 나를
알아보고는 구경을 잘했느냐고 물어왔다. 그리고는 승객들에게도
한국인이라고 소개를 해 준다. 버스를 탄 손님들은 여기를 여행하

는 것이 신기해 보이는지 가끔씩 나를 바라보곤 한다.

차에서 내려 숙소로 들어가기에는 아직 이르다. 마침 밭에서 일하고 있는 노부부가 보였다. 해바라기가 아직도 하늘로 고개를 뻣뻣이 세우고 있는 텃밭에서 가을무를 뽑고 완두콩을 따면서 마지막 가을걷이에 허리를 펼 줄 모르고 있다. 다가가 잠시 일손을 거들며 몇 마디 이야기를 나누었다.

이곳은 오히려 눈이 내리는 겨울이 다가오면 마을이 더 활기가 넘친다고 한다. 벌목공으로 일하는 사람들이 들어와 산림에서 일을 하고, 목재소를 운영하는 사람들도 목재를 가공하여 수입을 올린다고 한다.

나는 이곳을 여행하면서 뜻하지 않게 목재소를 스쳐간 적이 많았다. 삼림 지대가 대부분이니 그럴 수 있는 환경은 언제든지 생겼다. 그러면서 지인을 통해 알게 된 목재소 일꾼들과 멋진 식사와

후중 마을 전경

사나이다운 기백으로 고량주를 마신 추억도 있다. 여름에는 목재소에 목재가 안 보이지만 겨울에는 기차역 철로를 타고 들어와 산더미처럼 넓은 들판에 가득 쌓이는 것을 볼 수 있다.

사실 이런 삼림 지역에서 겨울에 할 수 있는 일이란 극히 제한되어 있다. 내몽고 후룬베이얼의 최대 목재 저장소가 있는 모얼따오까莫尔道嘎, 러시아에서 실어 오는 목재로 넘쳐나는 만저우리滿洲里의 제재소, 그리고 운송이 용이한 철도역마다 설치된 목재 저장소는 나의 겨울 여행에서 빼놓을 수 없는 볼거리였다.

목재소 안에서는 쌓인 목재들을 절단 가공하는 쇠톱의 소리가 요란하게 들린다. 쌓아 놓은 각목과 아교풀의 고약한 냄새로 넘쳐나는 합판 가공의 열기 사이를 돌아다니다 보면 오히려 겨울의 넘쳐나는 생동감을 느낀다. 나의 편협한 생각인지는 모르나 그저 나만의 느낌이라고 사람들이 이해해 주면 좋겠다.

노부부와 헤어진 후 가까운 동산東山공원으로 향했다.

후중 뒷산이라고 말해도 좋을 정도로 가까이 있다. 맑은 공기를 호흡하면서 산을 오르는 것은 건강에도 좋다. 그리고 산 위에 올라 마을을 바라보면서 이런저런 생각을 즐기는 것도 역시 마음의 넉넉함이 있어 만족스럽다.

동산공원을 이곳 현지인들은 옛 이름인 '스라즈산石砬子山'이라고 부른다. 계단을 오를 적마다 뒤를 돌아본다. 후중의 마을이 점점 더 넓게 다가오고 있다. 중국 남방의 산을 오르는 계단이 전부 돌로 되어 있다면 이곳 북방 흑룡강성의 산들은 대부분 나무판자로 계단을 만들어 놓았다. 그만큼 나무가 넘쳐나는 울창한 삼림 지대이기 때문이다.

정상의 바위에 오르니 후중의 마을 전체가 보인다. 오지라고는 하지만 우리나라의 면급보다는 훨씬 큰 규모를 보인다. 삼림으로 둘러싸인 마을이 유난히 한 폭의 그림처럼 아늑하게 다가온다. 지피식물처럼 낮게 깔려 있는 빨간색과 파란색 지붕의 건물들이 언뜻 보면 서양의 어느 마을을 여행하고 있는 기분이다.

위험해 보이는 바위 난간에 걸터앉았다. 가끔씩 산책을 즐기는 사람들이 오르고 이내 내려갔다. 힘들게 찾아온 여행길이다. 계획에 있었던 곳도 아니다. 나 역시 넌쟝 아래 이라하에서 목재 가공업을 하는 친구의 말을 듣고 찾아온 곳이다.

숙소로 돌아오니 손님 하나 없는 텅 빈 프런트에서 나의 친구가 된 동년배 아주머니가 반갑게 맞아 준다. 구경을 잘했느냐는 아주머니의 물음에 나도 모르게 오늘 보고 느낀 이런저런 일들을 이야기하고 있었다.

일찍 일어났다.

아침 식사를 하러 식당에 들어가니 식당 안은 벌써 많은 사람들이 와 있다. 이들은 일을 하러 가기 위해 일찍 식사를 하러 온 것이다. 갑자기 찾아온 추위에 모두들 떨고 있다. 춥고 배고픈 것은 인간이 느끼는 가장 고통스러운 일이다. 나는 따뜻하게 배를 채운 후 어제 들렀던 의류점에 들어가 양말도 두툼한 것으로 준비했다. 그리고 숙소 아주머니와 작별의 인사를 나눈 후 모허를 향해 떠났다. 친구 말대로 힘든 여정이지만 이틀 동안 삼림 속을 노니는 신선으로 남았다.

모허를 향해 가는 도중에 다리가 장마의 물살에 유실되어 임시로 길을 만들 때까지 한 시간을 소비했다. 이럴 때마다 나는 여행을 우리네 인생과 비교하여 생각해 본다.

이 세상이 다 내 뜻대로 이루어지고 또 내 앞길이 항상 순탄하기만 하면 무슨 재미가 있을까? 지나온 인생길에 고생과 힘든 시련이시간이 그래도 차마 못 잊어 아련한 추억으로 떠오른다. 하지만 순탄했던 시절의 시간은 모두가 나의 기억에서 떠오르지 않는다. 그래서 지금 이러한 시간을 나는 더욱 소중히 간직하려고 노력한다.

후중에서 모허를 가는 길에 아무얼阿木尔이라는 곳이 있다. 이곳에는 '란메이 광장'이라는 이름까지 붙여 놓아 란메이 산지라고 자부하고 있다. 이 열매를 술과 함께 담가 두어 가정에서 즐거운 날이나 기념일에는 이 술을 마신다. 손님이 오면 접대하기도 하는데알코올 도수가 높지 않아 여인들에게도 인기가 있다. 거리의 상점마다 각종 란메이 상품으로 넘쳐나고 있다.

아무얼의 란메이 광장

게다가 '훙떠우紅豆'라고 하는 붉은 야생의 열매도 사람들의 기호를 자극한다. 길에서 만나는 아줌마들이 버섯과 자루에 담은 란메이와 홍떠우를 가지고 환한 웃음을 짓는 모습을 볼 때면 내가 더 행복해지고 풍요로운 마음이 들기도 한다. 이렇게 흑룡강성의 짧은 여름은 삼림이 주는 은혜로움에 한껏 취해 보는 여행이기도 하다.

후마허는 삐쉐이를 지나 삼림의 어딘가로 숨었다 나타났다를 반복하면서 타허현으로 흐른다. 그리고 또 다시 타허의 도심을 가로질러 스빠짠으로 흘러간다. 이렇게 실개천에서 흐르기 시작하여 개울을 이루고 '하河'와 '강江'을 이루며 바다로 흘러간다.

2년 전 타허의 공원을 산책한 적이 있다. 그때는 야경이 빛나는 공원의 숲길을 걸었었다. 후마허의 흐름을 타고 조성된 숲길은 낮과 밤을 가리지 않고 이곳 시민들의 산책로로 전혀 손색이 없어 보인다. 현지인들이 가꾸어 놓은 화원과 꽃길 그리고 광장 등이 조화롭게 어우러져 있다. 후마허를 날아다니는 물새들의 물길질도 타허의 아름다움을 더해 준다.

그래서일까? 공원 한쪽으로는 퇴직한 당 간부들의 고급스러운 별장이 많이 들어서 있다. 여행을 하다 보면 도시 주변에 이렇게 좋은 별장들이 늘 눈에 들어온다. 대부분 당 간부로 근무하다 퇴직을 한 분들의 별장들이다.

지위가 높은 분일수록 별장의 규모나 시설이 더 좋을 거라는 생각은 당연하다. 사회주의라고는 하지만 사유재산의 물욕과 고급 간부로써의 권력은 어느 나라든 놓을 수 없는 유혹이다. 건너편에 바쁘게 살아가는 구멍가게들과 대조적으로 다가왔다.

권력의 힘 앞에서 올바름이 그름으로 그름이 올바름으로 바뀌는 세상은 역사를 통해서 많이 보아 왔다. 정권이 바뀔 적마다 없던 죄가 생겨나고 있던 죄가 사라지는 세상에서 나는 살고 있는 것이다. 그러면서도 우리는 왜 부패된 권력에 늘 죽어지내야 하는지 의무을 갖는다 이유는 간단하다. 나름대로 총과 같은 정당화된 공권력이 항상 그들 뒤에 있기 때문이다.

이렇게 옳지 않은 것을 고치려 하지 않는다. 또 그른 것이 자신에게 이익을 준다고 해서 오히려 비호를 한다. 이러한 행동이 우리 사회에 만연되면 언젠가는 그 해악이 우리 모두에게 돌아온다. 이러한 행동이나 사고의 반복은 습관이 되고 습관의 누적이 결국은 나쁜 사회문화를 만들어 내기 때문이다. 그래서 나는 수많은 아픈 사연을 안고 힘들게 살면서도 헛된 이익을 탐하지 않는 사람을 존경한다.

가끔 우리는 술자리나 여럿이 함께 있으면 정치 이야기를 한다. 중년의 남자들에게 정치는 술자리의 술안주로 자주 입에 오르는 맛있는 안줏감이기 때문이다. 의견이 맞는 사람끼리는 의기투합하고 다른 사람끼리는 열띤 격론을 벌이기도 한다.

정치인은 잘못에 대하여 도덕적으로는 국민에게 무한 책임을 통감한다고 말한다. 하지만 법적으로는 한 점 부끄럼 없는 사람들이다. 똑같은 잘못에 대해 타인에게는 송곳으로 찌르지만 자신에게는 솜방망이를 들이댄다. 이렇게 사고의 괴리가 큰 집단일수록 의견의 차이는 이념과 사상의 분열로 발전하기 쉽다.

교직에 있을 때 교사로서 학생에게 늘 정직하게 생활하라고 말했다. 그러면서도 정작 나는 가끔 거짓말을 한다. 또 최선을 다하라는 말도 부담 없이 입버릇처럼 말한다. 하지만 나는 남모르게 게으름을 피우며 살아 왔는지도 모른다. 그렇다고 이렇게 올바른 도리와 생각에 너무 자신을 옭아맬 필요는 없다. 그래야 정치인처럼 마음이 편하다.

따뜻한 햇살을 받으며 벤치에 앉아 이런저런 상념에 젖어 푸념 섞인 생각을 해 보았다. 어쩌다 생각이 이렇게 흘러갔는지 모르겠다. 어제 저녁에 술과 마주 앉아 있었던 안줏거리라고 접어 두자.

잠시 화제를 바꾸어 본다.

창산과 후중의 마을을 둘러보고 1년 후 나는 다시 내몽고 북부 후뤈베이얼과 흑룡강의 경계에 있는 삼림 지대를 다녔다. 이렇게 삼림 지대를 다니는 동안은 한없는 자유인이고 방랑자이고 신선의 시간 속에 있는 것을 실감한다.

껀허根河에서 북쪽으로 가다 보면 종착역인 만꿰이滿归 못 미쳐 인구 육천 명 정도가 살아가는 면급의 아롱산阿龙山이라는 곳이 있다. 울창한 원시 삼림이 있는 후뤈베이얼 북부를 여행하다 이 지역의 최고로 높은 산을 지나게 되었다.

한마汗马자연보호구를 가운데 두고 흑룡강성 후중에 대백산이 있다면 후뤈베이얼 지역의 아롱산에는 대설산大雪山이 있다. 현지인들은 오월 초순에도 눈이 내린다는 해발 1,200여m의 대설산을 아오커리뛰이산奥克里堆山이라 부르기도 한다. 즉, 이렇게 후뤈베이얼 지역은 서남부의 초원을 벗어나면 동북부의 삼림 지역으로 극명하게 구분된다.

한마자연보호구가 있는 아롱산 지역과 후중삼림지역은 건조하면 자연 발화가 발생하기 쉬운 원시 삼림 지대이다. 작년에도 화재가 있었는데 이럴 때면 민관군이 총동원된다. 그래도 인원이 부족하면 길림성의 소방대원 지원을 받기도 한다.

이럴 때 내리는 비는 삼림 지대의 구세주와 다를 바 없다 이곳에 내리는 비는 후중자연보호구의 높은 산의 능성을 따라 동서로 빗물의 흐름이 나뉘게 된다. 이 지역은 군사 시설이 있어 일반인은 출입이 철저히 통제되고 있다.

아롱산에서 아오커리뙤이산(대설산)을 가려고 봉고차를 구했다. 차는 삼림 속을 달렸다. 계속 비가 내린 관계로 질퍽거리는 비포장 도로가 시간을 지체하고 있었다. 순록을 기르며 살아가는 어원커 소수민족의 원뿔형 가옥이 삼림 속에서 가끔씩 외롭게 나타났다 사라지곤 한다.

한참을 달려 도착한 조그만 공터에서 운전수가 내리라고 한다. 옆에 있는 초라한 건물이 예전에는 매점으로 쓰였다고 한다. 그는 간단히 가는 방향을 대충 가르쳐 주면서 네 시간 후에 다시 오겠다고 한다.

걸어가는 나에게 만약 곰이라도 나타나면 못 본 체하고 태연하게 천천히 걸으라고 한다. 결론적으로 차라리 이 말을 안 듣는 편이 나았다. 산을 오르는 내내 곰의 형상이 머리를 떠나질 않았기 때문이다. 늑대도 서식하고 있지만 늑대는 자기 보호 본능이 강하여 피할 수 없는 위험을 느끼지 않는 한 사람을 멀리한다고 한다.

어느 정도 오르니 숲길도 분명하지 않았고 농구공 정도 크기의 각이 뾰족한 돌무더기 산길이 한동안 이어졌다. 돌밭 길을 가다 보면 옆으로 등산 동호인들이 나무에 매달은 각종의 색깔을 달리한 리본을 본다. 그 표지가 바로 길이다.

정상이다 싶으면 다시 능성이 시작되기를 세 번을 하였다. 초행 길은 가깝다고 해도 얼마를 더 가야 할지도 모른다. 서서히 마음 이 답답하고 두려운 생각도 스쳐간다. 다시 내려가고 싶은 생각도 간절했다. 한 가지 위안이 있다면 사람들이 앉아서 쉬었다 간 곳 에 남은 과자봉지가 가끔씩 나무 아래에 쌓여 있다는 것이다.

힘겹게 올라 앞을 보니 드디어 정상에 태양 전지판이 설치된 시 설물이 보였다. 안심이 되었다. 갑자기 먹구름이 하늘을 가리기 시 작했다. 이곳 여름 날씨로는 흔히 있는 현상이다.

정상에 다다르니 중년의 남자 둘이 반갑게 맞아 주었다. 그들은 이곳을 지키는 사람들이다. 산림 속의 화재를 감시하는 산림 감시 원으로 일을 하고 있는 것이다. 이들도 사람이 그리웠는가 보다. 배고파하는 나에게 손수 먹을 것을 준비하여 주었다. 늘 건강을 생각해서 즐겨 먹는 것이 양파라는 말을 듣고는 양파도 잘라 요리 를 준비했다.

이들은 일주일에 한 번 아롱산 마을에 내려가 먹을 음식 재료들 을 등에 지고 올라온다. 음식을 먹는 동안에 천둥과 함께 한줄기 여름비가 스치고 지나갔다. 모든 곳이 허공이라 저 멀리서 천둥 번 개가 일어도 소리는 무척 가깝게 들려왔다.

고마운 마음에 다음에 다시 오면 아롱산 마을에서 당신들을 기 다리겠다고 했다. 정상에는 몽고족의 아오바오가 세워져 있는데 그 앞에 '아오커리뙤이산'이라 쓰여 있는 비석이 보였다. 후륀베이 얼 최고봉에 올랐다는 자부심이 유달리 나를 사로잡았다.

후룬베이얼 아롱산의 아오커리뙤이산

　발 아래로 보이는 수많은 산봉우리들이 아오커리뙤이산을 바라보고 있다. 정상에서 아래를 내려다보니 가슴이 탁 트인다. 군웅할거 시대의 최고의 영웅처럼 서 있는 내 모습이 자랑스럽다. 큰 인물의 탄생이 수많은 보통 사람들 속에서 나오듯이 높은 산도 작은 산들이 쌓여 있는 곳에서 존재하는가 보다.

　정상에 올라 수많은 산을 보면서 함께 어울려 살아가는 조화를 배운다. 뾰족하게 혼자 우뚝 솟은 산은 무너지기 쉬운 법이다. 우리 사람들에게도 교훈으로 다가온다. 가끔 자신의 명예를 자기 스스로 얻었다고 자만하는 사람들이 있다. 그래서 어렵게 얻은 명예를 한순간에 잃어버리는 경우가 허다하다. 이곳은 이상향이라 불리는 샹그리라니 무릉도원이라는 빼어난 풍경구는 존재하지 않는다. 이곳의 산들은 서로 내가 잘났다고 으스대지 않는다. 높낮이를 함께하면서 구릉지 같은 산들이 시야에 조화롭게 다가온다. 함께 살아가는 지혜를 말해 주는 듯하다.

내려가야 할 시간이 다가오고 있다. 나는 두 분의 호의에 감사하고 밖을 나왔다. 오색의 천이 펄럭이는 아오커리뙤이산의 표지석을 만지면서 나의 여정과 생의 안녕을 빌었다. 두 분은 멀리까지 나와 손으로 가리키며 내려가는 지름길을 상세히 알려 주었다.

이곳은 외국인의 발길은 그리 많지 않다. 아니 어쩌면 내가 처음은 아닐까도 생각해 본다. 그런 이유로 외국인을 만나면 더욱 친절한 그들인지도 모른다. 그들은 내가 안 보일 때까지 나를 바라보고 있었다. 내가 여기를 오르는 동안에 살아 움직이는 것은 하나도 보지 못했다. 그래서 내려올 때는 마음이 편했다.

산을 내려오니 운전수가 기다리고 있다. 운전수를 따라 간 곳은 목조다리가 있는 개울가다. 다리를 보는 순간 〈콰이강의 다리〉라는 영화가 스쳐갔다. 가끔씩 차가 목조다리를 지나갔다. 아직도 이런 다리가 존재하고 있다는 것이 신기해 보였다. 운전수는 친척과 친구들 스무 명 정도가 함께 천렵을 나온 곳에 나를 데리고 온 것이다. 그는 나를 외국인이라고 소개시켜 주었다. 물론 그들이 가지고 온 맛있는 음식으로 포식을 했음은 말할 나위도 없다. 개울가에서 오후의 여유가 그들과 함께 즐거운 시간으로 남았다.

아롱산으로 돌아오니 마침 아오커리뙤이광장에서 특별 공연이 준비되고 있었다. 오늘 아오커리뙤이산을 오른 나를 위해 특별히 준비되고 있는 기분이다. 아롱산의 거리를 배회하다가 시간에 맞추어 광장으로 찾아갔다.

공산당 창당과 개혁개방을 축하하는 공연이다. 작은 규모의 마을이지만 공연은 아주 성대하고 깔끔하게 진행되었다. 어른들뿐만 아니라 어린 학생들도 출연을 하여 우렁찬 합창을 부르는 장면이 인상적이었다.

아롱산 아오커리뛰이 광장 공연

따씽안링의 사람들은 이렇게 작은 마을과 도심을 가리지 않고 산림 속의 흐르는 물과 조화를 이루며 살아간다. 이곳 현지인들은 후중의 대백산과 아롱산의 대설산을 쌍둥이처럼 여기며 북부 따씽안링의 자랑거리로 여기고 있다.

여행을 하다가 이런 특별한 행운도 만났다.

지난번에 왔을 때 목재소에서 만난 내몽고 후뤈베이얼 우얼치한烏尔其汗에 사는 리쓰롱李世龍이란 친구를 알게 되었다. 우얼치한은 인구 1만 5천 정도를 가진 면급의 작은 마을이지만 주변으로는 볼거리가 많이 있다.

우선 이곳 주민들이 매일 아침 산책을 즐기는 북두산北斗山이라는 공원이 근처에 있다. 근교로는 여명생태원黎明生态园과 자연박물관 그리고 자작나무 군락의 숲으로 되어 있는 백화림경구白桦林景区의 대안하생태원大雁河生态园이 있다. 또 마을 어귀에 있는 엄청난 규모의 목재저장소도 여행자에게는 특별한 구경거리로 다가온다.

특히 우얼치한의 마을은 도로에 있는 공중화장실이 특이하다. 가끔씩 나타나는 공중화장실은 페인트로 아름답게 색칠되어 있는 나무로 만들어진 건축물이다. 어느 나라의 시민 의식은 화장실 문화에 비례한다는 말이 있듯이 이곳 길거리에 조성된 깨끗한 공중화장실은 특별한 아름다움을 나타낸다. 나는 이런 화장실을 만나기만 하면 사진에 담아 두기도 했다. 잠시나마 우얼치한의 마을을 본 대로 소개해 보았다.

리쓰롱 친구를 찾아간 7월 초순은 들녘에 야생화가 만발하는 시기였다. 이 친구는 여름이면 농한기를 이용해 금련화金蓮花, 반혼초返魂草 등의 약초를 채집하는 농민들을 찾아다닌다. 금련화는 감기, 염증, 항균 작용에 효능이 있고, 반혼초는 기침과 관계되는 폐에 효능이 있다고 한다. 이들로부터 약초를 사들여 집에 설치된 건조대에서 건조 과정을 거쳐 중국 전역에 대량으로 판매를 한다. 즉, 중간 도매상의 일을 하고 있다.

하루는 이 친구가 약초를 사려고 마을을 찾아가는 길을 동행했다. 금련화는 한 근에 10원, 반혼초는 한 근에 3원을 주고 사들였다. 나도 친구를 따라 약초를 싣고 가는 오토바이를 세워 우리에게 팔라고 권유를 했다. 저울에 달고 가격을 흥정하면서 보냈더니

우얼치한 리쓰롱 친구의 약초 건조

하루가 어떻게 갔는지 모른다.

친구는 겨울이면 목재소에서 일을 하는데 때로는 만저우리의 러시아 국경을 넘어 바이칼 호수 근처에서 일을 하기도 한다. 그는 내가 귀국한 뒤에도 러시아의 바이칼 호수 주변의 삼림에서 일을 하는 상황을 사진으로 보내 주곤 했다.

저녁에는 이 친구의 소개로 현지 마을 친구들과 식사를 함께했다. 이들과 함께 식사를 하면서 특별 요리인 '한汗'이라는 고기를 먹었다.

훗날 알았지만 '한汗'이라는 고기가 이곳에서는 중국 4대 별미에 버금가는 음식으로 몽고족자치구인 내몽고에서는 최고의 요리라고 한다. 특히 '한汗'의 코 부분에는 '满汉全席'란 수식어가 붙어 있다. 이 말의 뜻은 만주족풍과 한족풍의 요리를 함께 갖춘 호화 연회석, 즉 청대淸代 궁중에서 황제 친족의 결혼이나 생일 등 가장 풍성하고 중요한 연회에 맛보는 음식이라고 한다.

'汗뜩'는 따씽안링 북부의 삼림 지대에서만 서식하는 동물로 일명 사슴과의 '엘크駝鹿'라고도 한다. 하지만 우리가 말하는 엘크와는 또 다른 생김새를 보인다. '汗뜩'는 사슴이나 순록과 같이 머리에 아름다운 뿔을 지닌다. 단지 이들 동물과 가장 구별되는 것은 유독 뭉툭한 코가 안면에서 툭 튀어나온 모양을 하고 있다는 점이다. 우얼치한烏尔其汗의 자연박물관을 들렀을 때 박제로 만든 표본을 본 적이 있다.

후마허를 따라 삼림 지대의 높은 산을 오르며 늙음에 관계없이 사내로서의 기상도 한껏 품어 본 여행이었다. 그리고 이곳을 사는 사람들의 따뜻한 마음씨와 인정미 넘치는 푸근함도 잊을 수가 없다. 이렇게 따씽안링의 삼림 지역은 나에게 자연의 풍요로움과 소중함을 더욱 각인시켜 주었다. 이제 흑룡강성 북부의 삼림을 적시며 흐르는 후마허를 지나 흑룡강변의 도시를 찾아 떠난다.

Part 4

후마呼瑪와 헤이허黑河

모허漠河**에서** 나는 호남성에서 왔다는 부부를 만났다. 모허에서 기차를 타고 타허塔河까지 오는 동안 함께 이야기를 나누다 보니 남자분도 처지가 나와 다름이 없었다. 직장에서 퇴직을 하고 이곳 동북을 여행하고 있는 것이다. 다행히 이들 부부도 흑룡강을 따라 여행할 계획이라고 한다.

타허에 도착을 하니 어둠이 내리고 도심의 불빛이 하나둘 늘어나기 시작했다. 숙소를 정하고 도심의 가운데를 흐르는 후마허변을 걸었다. 야경이 빛나는 어둠의 공원은 중국의 도시 어디든 화려하다.

공원의 화려한 불빛 속에 묻힌 다리를 보았다. 사람들마다 다리에서 거미줄에 매달려 있는 거미를 바라보며 '쭈주왕蜘蛛网'이라고 말하며 지나간다. 어떤 이들은 신기한 듯이 핸드폰으로 사진을 남기기도 한다. 왜 하필 거미는 '왕王'이라는 호칭을 붙여 말하는지 궁금하여 물었다. 그들은 '왕王'이 아니라 그물을 말하는 '망网'이라는 의미라고 했다. 중국의 언어에서 성조를 잘 이해하지 못하면 이렇게 엉뚱한 이해를 남기는 말들이 적지 않다.

타허에서 후마로 가는 버스

강변에 놓인 벤치에는 많은 사람들이 더위를 식히러 나와 포커를 즐기고 있다. 여인들은 야외 전축 같은 것을 틀어 놓고 아름다운 율동의 춤을 선보인다. 화려한 후마허변의 밤거리를 뒤로하고 숙소로 돌아왔다.

우리는 아침에 흑룡강변의 도시 후마를 가기 위해 터미널로 향했다.

대합실 건물 천정에는 제비집이 가득하다. 강남의 제비가 이곳까지 왔다. 이곳 사람들도 소식을 전하는 길조로 여기는지 대합실을 오가는 사람들은 신기한 듯이 제비집을 바라보며 지나간다.

후마로 가는 버스에 올랐다. 버스는 이제 남쪽으로 향한다. 날씨는 맑았지만 아침부터 후덥지근하다. 오랜만에 다시 흑룡강을 찾아가는 기분이다. 얼마간의 삼림 지대를 지나니 농촌의 평원이 나타났다. 아마 따씽안링의 준령을 넘었을 거라는 생각도 들었다. 가는 도중에 승객을 태우다 보니 버스 안에 공간이 없을 정도다. 사람보다 짐이 더 공간을 차지했다. 오리와 닭을 담아 놓은 광주리도 있고, 쓰다 버린 듯한 솜뭉치 자루와 밭에서 일을 하다 가지고 탄 농기구도 가득 실려 있다.

버스가 어쩌다 서기만 하면 차 안이 고약한 냄새로 가득하다. 하지만 차가 달리기만 하면 열어 놓은 창문으로 들어오는 풀잎 냄새가 자연의 향기를 모두 담아 오는 듯하다. 덜덜거리며 달리는 버스는 가끔씩 평원의 옥수수 밭을 지난다.

4시간 정도 소요한 후에야 후마에 도착했다. 갑자기 세찬 바람과 함께 한줄기 장대비가 스쳐갔다. 이 후마현에는 근교에 루띵산 鹿鼎山이 있고, 금산金山삼림지역에는 흑룡강변에 있는 풍경구 중 최대의 풍경구라고 말하는 화산畵山이 있다.

잠시 비가 그친 후 택시를 타고 루띵산으로 향했다. 루띵산은 공교롭게도 차에서 내린 곳이 정상이다. 이곳을 보려면 나무 계단을 타고 내려간다. 정상에서 보이는 후마허는 흑룡강 못지않게 내륙을 적시며 흘러 왔다.

아마 이곳이 내륙의 대백산에서 발원한 후마허가 자신의 이름을 마무리하는 마지막 물줄기일지도 모른다. 아래로 내려가니 한적한 산책로가 물길을 따라 이어지고 있다. 마치 우리나라에서 요즈음 유행하고 있는 둘레길 같은 분위기다. 물가에 기둥처럼 서 있는 바위가 이 루띵산의 가장 자랑스러운 볼거리다. 한동안 물가 주변에 피어난 꽃들과 풀잎들을 보면서 길손의 모습을 스스로 새겨 넣었다.

시내로 돌아와 강변으로 향했다. 후마현은 흑룡강변에 위치한

후마현의 루띵산

다. 이곳에서는 가끔씩 여행자들을 위한 유람선도 강줄기를 타고 오르내린다. 물론 강변에는 순시선도 있고 고기잡이배들도 정박해 있다. 그래서 시장을 다녀 보면 의외로 수산물이 풍부하다. 그리고 이곳에서 잡은 고기는 특별히 유명하여 이곳을 여행하는 사람들은 흑룡강변에서 잡은 민물고기의 맛을 꼭 보고 간다.

많은 사람들이 산책을 즐기기 위해 강변을 걷고 있다. 한 분의 어른과 강변에 앉아 우연히 이야기를 나누게 되었다. 그는 이십 대의 젊은 시절에 호남성 신화新化에서 와서 이곳에 머물게 되었다. 호남성의 자기 고향에서는 특별히 할 일이 없어 이곳의 농촌 개발 사업이 한창일 때 왔다고 한다.

나는 당신의 고향인 그곳을 가 보았다고 하면서 핸드폰에 저장해 둔 사진을 보여 주었다. 그는 놀라운 듯이 나를 바라보며 더욱 정겹게 대해 주었다. 이렇게 중국의 넓은 대륙에서 자신의 고향을 여행한 외국인이 고향 사진을 보여 준다는 것이 그에게는 무척 고마웠을지도 모른다. 그는 사진 속의 신화역 광장을 한참을 들여다

보고 있었다. 사실 나는 여행을 하면서 터미널이나 기차역에 도착하면 반드시 사진을 남겨 두어 저장을 해 두곤 했다. 누구에게 자랑을 하기 위한 것이 아니라 이렇게 사진을 남겨 두지 않으면 사진 속의 장소가 기억되지 않는다. 하물며 수많은 장소를 머릿속에 담아 두기란 매우 힘들다는 것을 알았기 때문이다.

나는 뒤따라오는 호남성 부부를 불러 이분을 소개해 주었다. 이들 역시 반가운 표정을 지으며 고향 이야기를 나누고 있었다.

그는 약 40년을 이곳에서 생활했다. 처음 이곳에 왔을 당시에는 추운 겨울이 오면 흑룡강은 꽁꽁 얼어 먹을 것을 구하기가 힘이 들었다. 설상가상으로 러시아 사람들이 먹을 것을 구걸하거나 훔쳐 가기도 했다고 한다. 한 가지 궁금한 것을 물었다. 왜 강변을 보면 중국 쪽에는 많은 민가가 늘어서 있는데 러시아 쪽에는 민가가 보이지 않느냐고 물었다. 그는 인구 문제도 있지만 중러 전쟁이 종식되면서 러시아 사람들을 국경으로부터 50㎞ 정도 떨어진 곳으로 이주를 시켰다고 한다.

이분은 자기 집이 멀지 않으니 같이 식사를 하자고 우리를 초대했다. 강변의 누추한 전형적인 농촌 주택이다. 엉성한 나무울타리 안에는 단장되지 않은 텃밭이 있다. 텃밭에는 울타리를 타고 오른 호박넝쿨이 무성하고 파, 가지, 향채, 토마토 등 여러 가지 채소가 재배되고 있다. 집으로 들어가는 입구에는 선반 위에 많은 화분들이 놓여 있다.

방으로 들어가니 아내인 할머니와 4살 정도의 손자가 있다. 그는 후마강변에서 잡은 물고기와 맥주를 식탁에 올려놓았다. 물고기는

'꺼우위狗魚'라고 하는데 우리나라 말로는 '창꼬치'라고 한다 사전에 보면 이 고기는 바다에 서식하는 열대어라고 한다.

부인에게 나를 소개하면서 자기 고향을 여행한 사람이라고 말해 주었다. 할머니는 손수 먹을 것을 만드느라 수시로 부엌을 오갔다. 호남성 부부와 이들의 이야기는 끝이 없었다. 술과 식사를 즐기면서 두 시간 이상을 그의 집에서 머물렀다. 할머니는 소홀히 대접해 미안하다는 말을 몇 번이고 반복하고 있다.

세상에 가장 맛있는 음식은 어머니의 정성이다. 어머니가 만들어 주신 된장국은 식었어도 맛있었고, 고기 한 점 없는 김치찌개도 늘 나를 행복하게 했다. 지금이 그랬다.

후마현 흑룡강변의 촌락 방문

여행을 하면서 나를 식사에 초대해 주고 함께했던 그들을 생각한다. 친구들과 식사를 하기 위해 식당을 찾으면 원형의 식탁이 제일 먼저 나를 반긴다. 친구들은 외국 손님이라고 제일 안쪽의 자리를 내준다.

더운 여름 날씨 속에서 남자들은 여자와의 합석을 의식하지 않고 상의를 벗는 것이 전혀 이상하지 않다. 식당 앞의 길거리에 만들어 놓은 식탁에서 식사를 할 때도 마찬가지다.

그리고 담배를 피우는 사람들은 저마다 식탁에 담배를 올려놓고 언제든 흡연을 한다. 술과 식사를 즐기는 동안 보통 4~5개비의 담배를 피울 정도다. 식당의 방은 칸막이가 되어 있어도 천정으로는 칸막이가 없어 담배연기는 천정 어딘가로 퍼져나간다. 우리 방의 흡연 연기가 퍼져 나가는 것은 좋은 반면에 다른 방의 손님들이 흡연하는 연기가 우리 방으로 흘러들기도 한다. 건강에 무척 해롭다는 것을 알면서도 그들이 권하는 술과 담배를 사양하기가 무척 힘이 들기도 한다.

중국에서는 우리나라보다 여자들이 길거리나 실내에서 더 자연스럽게 흡연을 한다. 그래서인지 이처럼 식당에서도 전혀 흡연 연기에 개의치 않고 함께 식사를 하면서 술과 담배를 즐긴다.

중국의 전통 술은 당연히 고량주다. 고량주는 알코올 도수가 보통 50도를 나타낸다. 요즈음은 중국 젊은이뿐만 아니라 대부분의 사람들이 맥주를 즐겨 마신다. 그래도 나는 고량주 냄새가 좋아 고량주를 마시겠다고 하면 나를 위해 특별히 주문을 한다. 그러면서 여행을 하는 동안 그 지방의 토속 술도 음미하는 경험을 갖는다. 잔에 있는 술을 조금만 마셔도 옆에 있는 친구가 가득 채워 놓는다. 이렇게 술과 음식이 끝날 때까지 나의 술잔은 언제나 가득 차 있다.

식사를 하면서 느끼는 또 하나는 무척 시끄럽다는 것이다. 시간이 어느 정도 지나 술잔이 몇 번 오가면 금세 방 안은 왁자지껄한 분위기로 변해 버린다. 그러면 옆 사람이 하는 말도 잘 알아들을 수가 없을 정도다. 이럴 때는 상대방의 얼굴 표정과 분위기에 따라 고개를 끄덕이고 웃는 표정을 지으며 상대방의 의사에 맞장구를 쳐 주곤 한다.

또 한 가지 특이한 점은 술을 마시다가 한 사람씩 돌아가며 오늘 만남의 의미를 간단하게 이야기한다는 점이다. 이럴 때 주위는 잠시나마 조용해진다. 친구들이 한마디씩 할 적마다 외국 손님이라면서 나에 대한 예의를 차려 줄 때 늘 고마운 마음을 가진다. 그리고 나도 만나서 반갑고 다음에 또 만나자는 말로 그들의 성의에 답하곤 한다. 이러는 동안 나는 어느새 그들이 권하는 술에 취하곤 한다. 그러면 고단한 하루 일상의 시간이 순식간에 사라지는 밤이다.

그 지방의 토속적인 별미의 음식을 맛보고 그들의 음식문화를 이해하는 시간은 늘 좋은 기억으로 남는다.

중국 친구들과 함께 식사

식사 중에 그들이 항상 궁금해하면서 물어오는 것이 있다. 한국의 반찬 음식인 '파오차이泡菜'라고 하는 김치에 대한 이야기를 한다. 나는 우리나라가 매우 어려웠던 시절에 겨울이면 반찬이 김치밖에 없을 정도였다고 말해 주었다. 지금은 시대가 변하고 서양의 음식 문화가 들어오면서 젊은이들이 햄, 소시지, 피자 같은 음식에 많이 적응이 되어 있다고 말해 주기도 한다.

이분은 헤어지기가 섭섭한지 나를 데리고 경로당을 구경시켜 주겠다고 한다. 두 분의 호의에 무척 고마워하면서 집을 나왔다. 경로당에 들르니 많은 사람들이 마작과 당구를 즐기고 있다. 그분은 나를 소개하면서 마작을 할 줄 아느냐고 물어왔다. 조금은 할 줄 알지만 계산이 빠르지 못해 서툴다고 했다. 그러고는 당구대에 가서 잠시 즐기다 그분과 아쉬운 작별의 인사를 하고 나왔다.

사람들은 중국을 여행한다고 하면 위험하지 않느냐고 묻기도 하고, 사회주의 국가인 만큼 조심하라고 말한다. 하지만 여행을 해 보면 일반 서민들의 삶 속에서 나오는 인정은 아주 친절하다. 중국이 아닌 다른 나라를 여행할 때도 그랬다. 아마 세계 어디를 가도 마찬가지일 것이다.

흑룡강변에 석재로 조각된 용의 조형물을 보면서 다시 강변을 산책했다. 이곳도 오후 두세 시쯤에는 더위가 찾아온다. 강변을 찾는 사람들은 아마도 더위를 식히기 위해 강변을 거닐고 있는지도 모른다. 나 역시 시원한 강바람이 있어 오후 늦게까지 떠날 줄을 몰랐다. 강변에 찰랑대는 너울만이 저녁노을에 춤을 춘다. 꼭 한 번은 와 보고 싶었던 흑룡강성이다. 그리고 흑룡강을 따라 여행을 하고 있다.

저 강물은 내가 살아온 날들의 슬펐던 기억들을 씻어갈 수 있을까?

무료한 삶은 고통이 있는 삶보다 더 괴로울지도 모른다. 그래서 사람들은 무엇인가 일을 저지르고 그로 인하여 스스로 힘든 생활을 자초하는 일들이 비일비재하다. 그것이 우리네 인생사라고 생각하면 편하다.

어둠이 내린 저녁에 수산시장을 들렀다. 혼자 식사를 하려면 음식을 주문하기가 매우 곤란할 때가 많다. 한 가지 음식만을 주문해도 남길 정도로 양이 많기 때문이다.

할머니가 운영하는 조그만 구석진 곳을 찾아 들어갔다. 손님이 없어 여유 있게 할머니와 이야기를 나누며 음식을 주문했다. 할머니는 먼 데서 온 손님이라고 간단하지만 특별한 음식을 만들어 주셨다. 튀긴 물고기와 두부 그리고 중국 특유의 양념장이 전부였다. 음식의 맛도 입에 맞았고 가격도 비싸지 않았다. 식사를 마치고 나오는 나에게 아침에 먹으라고 옥수수와 계란도 챙겨 주셨다.

식당을 나오면서 바라보는 할머니의 모습이 잊히지 않는다. 할머니는 떠나는 나에게 손을 흔들며 밝은 웃음을 지어 보이셨다. 웃음의 종류에는 활짝 웃는 웃음, 빙그레 웃는 웃음, 겸연쩍은 웃음, 실없는 웃음, 어이없는 웃음 등 여러 가지가 있다. 특유의 의사 표시인 웃음으로 마음을 표현할 수 있는 동물은 인간뿐이다.

그런데 나는 가면적인 웃음을 가장 싫어한다. 누구나 그러하겠지만 남을 속이고 만족해하는 음흉한 웃음을 만난다면 징그럽고 두려운 마음이 들 것 같다. 이러한 웃음을 받는 대상이 나일 때는 더욱 슬퍼진다. 이러한 일로 영원히 멀리한 친구도 없지 않다. 후회하지도 않는다. 아무리 사소한 일일지라도 서로 간에 감정이 상하면 옳고 그름을 떠나서 관계를 회복하기란 참으로 힘들다. 오늘 할머니의 웃음을 보면서 주름진 눈가에서 진솔하게 묻어나는 인생의 연륜을 느낀다.

손을 흔드는 할머니의 모습에서 나도 모르게 어머니의 모습이 떠올랐다. 여행 중 노인들의 생활을 보면서 자주 겪는 일이다. 나는 할머니나 할아버지들을 만나면 내가 먼저 수다를 떤다. 그러면서 그분들로부터 얻는 인생의 교훈적인 이야기들이 나에게 많은 것을 깨닫게 한다.

교직 초임 시절 나는 30만 원짜리 한 칸의 전세방에서 어머니와 함께 지냈다. 그 당시 72세인 어머니는 그래도 건강하셨다. 열 명의 자식을 낳으셨어도 한 번도 병원에 입원을 하신 적도 없고 허리도 굽지 않으셨다.

어머니는 내가 학교에 출근을 하면 자루를 들고 들녘으로 쑥을 뜯으러 다니셨다. 나 모르게 다니셨지만 주인집의 아주머니가 내게 이야기를 해 주었다. 누가 와서 쑥을 사 간다면서 아침에 나가시면 오후 늦게 들어오신다고 했다. 내가 아무리 만류를 해도 듣지 않으셨다. 어느 날 아침에는 눈을 뜰 수가 없을 정도로 얼굴이 부으셨다. 쑥을 뜯으시면서 너무나 피로한 하루하루를 생활하신 결과다.

'어머니는 이래도 되는 줄 알았다'라는 글귀로 자식들의 마음을 감동케 한 글을 읽은 적이 있다. 영원히 돌아가시지 않을 것만 같았던 어머니와 함께한 수많은 시간이 눈물로 스쳐갔다.

내가 막내로 태어났을 때는 이미 다섯 명의 자식이 세상을 떠났다고 한다. 가난과 전쟁이 불러온 시대의 누구나 겪었을 이야기다.

그리고 두 분의 형님과 두 분의 누님이 계시는데 누님 두 분은 내가 태어나기 전 이미 시집을 갔기 때문에 누나와 함께 생활을 해 본 적이 없다.

초등학교를 다니던 시절에 친구들이 누나와 여동생을 이야기하면 나는 왠지 외로운 마음이 들었다. 누나와 여동생하고 다투었다는 말을 들으면 이상하게 들렸다. 나는 누나의 사랑도 많이 받을 것 같았고, 여동생한테는 무척 잘해 주었을 것만 같았다.

나는 길을 걸을 때 머리를 돌리는 습관이 있었다. 한번은 하교를 하면서 걸어가는 나에게 '머리를 돌리지 말라'고 혼을 주던 아줌마가 있었다. 그분이 바로 나의 누나다. 어머니는 자신의 뱃속에서 저 아줌마가 먼저 나오고 내가 늦게 나왔다는 말로 설명해 주셨다. 생각해 보니 무척 가까운 사이라는 것을 느꼈다.

갑자기 발걸음이 무거워지는 것을 느꼈다. 인생은 이렇게 흘러가는 것인가 생각해 본다. 행복한 시간은 길었어도 짧게 느껴지듯이…. 전송하는 할머니의 모습을 보고 잠시 스쳐간 기억의 조각들이다.

아침에 일어나니 하늘이 청명하다. 오히려 날씨는 마지막 여름의 몸부림인 양 무덥기까지 하다. 터미널에서 화산畵山을 가는 차를 아무리 알아봐도 차가 없다고 한다. 결국 호남성 부부와 상의한 후 택시를 섭외했다.

시내를 벗어나자마자 숲속을 달린다. 이미 들은 이야기지만 운전수는 화산이 흑룡강변의 풍경구 중 가장 아름다운 경치를 자랑한다고 말한다. 하지만 화산을 가는 내내 오고 가는 차를 만나지 못했다. 벌써 여행철이 지난 비수기에 접어들었다는 생각이 들었다.

후마현 화산 풍경구

　설령 여행철이라 하더라도 자가용이나 단체 여행버스가 아니면
감히 구경할 엄두를 내지 못할 것 같다. 도로를 지나는 도중에 허
름한 기와집 앞에 바리케이드가 쳐져 있다. 알고 보니 이곳의 삼림
을 감시하는 삼림초소다. 운전수가 한참을 이야기 하고 나오더니
바리케이드를 열어 주었다. 본래 개방을 하지 않는 삼림구역인가
보다. 강물이 보이는 옆에 절벽으로 형성된 산이 화산이라고 한다.
강 건너편으로 보이는 곳은 당연히 러시아다.

　한동안 계단을 오르고 나서야 강물이 시야에 넓게 들어왔다. 다
시 강변에 솟아 있는 화산에 오르니 강물이 내 발밑을 흐르는 것
만 같다. 평원 저 멀리서부터 힘겹게 흘러온 강물이 이곳을 지나
또 어딘가로 흘러가고 있다. 이렇게 흑룡강은 말없이 아주 조용히
흘러간다. 아니 폭포가 하나도 없는 강이다. 강의 경계 사이에 있
는 한두 개 모래섬이 어느 나라의 땅이냐고 묻는 것도 아무런 의
미가 없다. 가끔씩 저 멀리서 매미의 울음소리를 안고 불어오는 시
원한 강바람이 물 향기를 담아 거침없이 허공을 가른다.

　이곳에서 잠시 마음의 여유를 찾는다면 일상의 모든 걱정이 바

람을 타고 강물을 따라 내 곁을 떠나갈 거만 같다 숲속에서 풍겨 나는 버섯 향기도 그윽하다. 약간의 야생화도 숲속 여기저기서 짧은 여름 기간을 타고 목을 내밀고 있다. 계곡으로 내려가 또 한 봉우리를 오른다. 절벽을 타고 오르는 막바지에는 더위 때문인지 현기증이 느껴진다.

출구에 이르니 자가용을 가지고 온 몇 명의 여행자가 보인다. 이들은 화산이라고 쓰인 비석을 앞에 두고 기념사진을 담고 있었다. 나 역시 이 비석을 그냥 지나치지 않았다.

늦게 후마 시내로 돌아온 우리는 저녁 식사를 함께 했다. 나는 내일 헤이허로 갈 것이라고 했더니 두 분은 오늘 피곤하여 내일 하루 더 쉬면서 시내를 둘러본다고 한다.

그러면서 그동안 궁금했다면서 왜 아내와 함께 오지 않았느냐고 물어왔다. 여행을 하면서 주위의 사람들로부터 자주 듣는 말이다. 나는 이럴 때면 아내가 하는 일도 있고 여행 기간도 맞지 않아 이렇게 혼자 다닌다고 한다.

나는 아내에게 감사할 한 가지가 있다. 다른 일들에 대해서는 나를 피곤하게 한다고 불평도 하지만 여행에 대한 대화를 나눌 때는 가끔 고맙다는 이야기도 한다.

부부는 일상을 함께 하면서 사소한 일들에 대하여 이해가 맞지 않는 부분들이 많이 있다. 그러한 생활이 지극히 정상일지도 모른다. 다투지 않고 살아간다는 것은 서로가 무관심의 세월일지도 모른다. 아니면 어느 한쪽이 참고 살면서 스트레스를 안고 있는지도 모른다. 아무리 행복하고 사주 궁합이 딱 맞아도 주변의 상황이 늘 가만히 놔두지 않는다. 그래도 이혼을 하지 않고 평생을 함께했다면 그 자체만으로도 원만한 가정이라고 말할 수 있다. 주변에서 이혼하는 가정을 보면 더 그렇게 느껴진다.

실제로 어느 가정을 보면 남편이 다른 여자와 이야기를 하는 것만 보아도 화를 내는 아내가 있다. 심지어는 다른 여자를 바라보기만 해도 그렇다. 물론 여자들만의 이야기도 아니다. 누구와도 농담을 즐겨하는 나로서도 이러한 아내와 함께 생활했다면 매우 불편했을 것이다.

아내는 내가 오랫동안 여행을 하는 것에 그렇게 불평이나 불만을 갖지 않았다. 순전히 나의 느낌일는지 모르지만 아무튼 이런 문제로 다투지를 않았다. 내가 이런 말을 하면 이해 못하는 사람들이 대부분이다. 그래서 정말 아내에게 고마운 마음을 갖는다.

아침에 두 분에게 그동안 함께한 시간에 고마운 인사를 하고 헤이허 버스에 올랐다. 여행하는 동안 아무런 불편을 느끼지 않은 동행이었다. 혼자 있다는 것이 외롭다는 것의 상징처럼 느껴진다. 방금 전 헤어짐의 인사가 더욱 나를 이렇게 생각하게 만들고 있다.

버스는 헤이허를 향하여 출발했다.

운전수의 말로는 네 시간 정도 걸린다고 하지만 난 이제 믿지 않는다. 일반적으로 보면 이들이 말한 시간보다 조금은 더 오래 걸린다는 것을 늘 느껴 왔기 때문이다. 헤이허를 가는 버스도 후마를 올 때의 버스처럼 구차하기 그지없었다. 게다가 후마와 헤이허를 오가는 버스는 하루 두세 번 정도밖에 없을 정도로 승객이 많지 않다. 긴기에서 치를 기다리는 사람은 서서 가야 한 때도 주저하지 않고 탄다. 게다가 많은 짐을 차에 실을 때는 시간도 하염없이 지체한다. 그래도 아무도 불평의 말을 하지 않는다.

역시 다섯 시간 정도를 소요하며 헤이허에 도착했다. 이 도시는 그동안 흑룡강에서 본 도시와는 달리 특별한 것들이 많이 눈에 들어왔다. 우선 거리의 건물들이 모두 러시아풍의 건물이다. 길을 걸으면서 들르는 상점 대부분은 러시아 물건을 파는 상점이고 러시아 음식을 먹을 수 있는 음식점도 즐비하다. 이곳은 흑룡강변을 따라 이루어진 도시 중에 러시아와 교역을 하는 최대의 중심 도시이기도 하다.

숙소를 잡으면 제일 먼저 가는 곳이 늘 강변이다. 강변으로는 야시장이 형성되기도 하고 젊은이들의 공연이 있기도 하고 광장에는 중년 남녀들의 유희가 눈을 즐겁게 하기 때문이다.

헤이허의 꽃다리

강변에 하나의 긴 다리가 있다. 처음에는 이 다리가 러시아와 국

경을 맞대고 있는 다리인 줄 알았다. 하지만 이 다리는 대도식물원
大島植物園을 가는 다리다. 이 다리는 온통 붉은색의 꽃으로 덮여
있다.

내가 살고 있는 우리나라 청주에는 '꽃다리'라는 다리가 있다. 나
는 왜 이 다리가 꽃다리라는 이름을 얻었는지 알지 못한다. 꽃다
리가 다른 다리에 비해 꽃이 많이 있다는 인상도 얻지 못했기 때
문이다. 반면에 이곳 헤이허의 다리야말로 정말 진정한 꽃다리라
고 말하고 싶다. 다리라고 하지만 붉은색의 꽃으로 둘러싸인 꽃길
이라는 느낌이 떠나지 않는다.

어둠이 내리니 헤이허의 야경이 아름답게 드러난다. 건물마다
나름대로 네온사인으로 꾸며 놓은 불빛이 발길을 묶어 놓았다. 강
건너 러시아의 도심도 마찬가지다. 강물도 불빛에 오색의 색깔을
물들여 놓고 있다.

강변에서 만난 러시아 여인

강변을 산책하는 러시아 사람들도 많았다. 짧게나마 러시아 여

인과 간단한 중국어를 막하며 한 잠의 사진을 남기기도 했다. 그녀는 나의 허락도 없이 웃는 모습으로 나의 어깨에 손을 올렸다. 짧은 순간이지만 우리는 서로 쑥스럽지 않았다. 변방의 도시 헤이허의 기억은 또 이렇게 오래 남을 것만 같았다.

야경이 휘황찬란한 도심의 길을 걸었다. 국경을 접하고 있는 변방의 도시가 이렇게 화려한 모습을 보인다는 것이 믿기지 않을 정도다.

아침에 흑룡강변을 따라 유람하는 유람선에 올랐다. 흑룡강에서 처음으로 경험하는 유람선 여행이다. 유람선에서 우연히 서양인을 만났다. 그는 이탈리아에서 왔다고 한다. 적어도 이 외진 중국을 여행하려면 약간의 언어는 필수다. 그렇게 잘하지 않아도 좋다. 이탈리아인도 역시 그랬다. 우리는 영어와 중국어를 공용어로 둘이 여행 이야기를 나누었다. 그리 잘하는 언어는 아니었어도 조금도 불편하지 않았다.

유람선은 러시아 쪽의 건설 현장 쪽으로 다가갔다. 러시아 쪽의 도시는 '블라고베셴스크'라고 한다. 러시아 순시선이 강한 뱃고동 소리를 울리며 지나간다. 손을 흔드니 그들도 미소를 지으며 답례를 한다.

음료 캔을 하나 사서 이탈리아인에게 건넸다. 그도 자신이 가지고 다니는 가방 안에서 중국에서 산 과자와 과일을 내놓았다. 여행자의 마음은 모두가 여유롭다. 서로 이해하고 여행담을 공유하는 시간이었다.

유람선은 폭이 넓은 강을 따라 선회를 하고 있다. 빛깔을 달리하는 강물을 바라보면서 사람들은 시선을 놓지 않고 있다. 유람을 마치고 이탈리아인과 헤어지면서 서로의 안전하고 즐거운 여행을 바랐다.

헤이허의 길거리를 배회하고 있었다. 길거리마다 중년의 남녀 장사꾼들이 '마나오'라는 수석을 늘어놓고 있다. 사람들은 지나가면서 가격을 흥정하기도 한다. 나도 유심히 살펴보았다. 그리 비싸지도 않았지만 그렇게 갖고 싶은 마음도 없었다. 단지 모허에서 나에게 「예리야 뉘랑」이란 노래를 가르쳐 준 모홍리가 무척 관심을 갖는 것에 대한 호기심일 뿐이다.

헤이허에서 나는 이런 일이 있었다.

오후에 돈을 찾기 위해 공상工商은행을 들렀다. 현금인출기에서 돈을 인출하려는데 돈도 나오지 않고 카드도 나오지 않았다. 공교롭게도 일요일이었다. 이를 해결하기 위해서는 할 수 없이 내일을 기다려야 했다.

월요일이 되어 아침에 눈을 뜨자마자 은행을 찾아갔다. 은행원에게 어제의 상황을 이야기하였더니 저쪽으로 가 보라고 한다. 다른 창구로 갔더니 복무원은 벌써 내 카드를 가지고 있었다. 일요일의 상황을 다시 이야기하였더니 신분증을 보여 달라고 한다. 여권을 주었더니 한참을 살핀다. 그리고 꾸물거리다가 또 살핀다. 결국 내 카드를 찾는 데는 30분 정도를 소요했다.

이후 여행을 하면서 나는 다른 카드를 사용하면서 이 카드를 사용하지 않았다. 그리고 절대로 휴일인 날은 현금인출기에 가지 않았다.

아이헤이愛琿로 향했다.

아이훼이는 이곳에 와서 알았다. 숙소의 주인이 여행을 한다면 이곳을 가 보라고 했다. 역사의 도시인 아이훼이는 헤이허에서 남쪽으로 30분 정도 차를 타고 내려간다. 어찌 보면 신흥도시인 헤이허는 아이훼이라는 곳이 있어 발전하였다고 해도 과언이 아니다. 아이훼이에 가면 제일 먼저 고성을 만난다. 내가 갔을 때는 고성 주변으로 보수와 정비 사업을 하고 있었다.

그리고 러시아와의 국경 문제와 관련된 사료가 있는 기념관, 나라를 위해 싸운 인물을 기리기 위한 영웅원, 청나라 시대에 제정 러시아와 국경을 두고 조약을 체결하면서 그 당시의 상황을 표현해 놓은 역사진열관歷史陈列馆이 있다.

중러의 국경 역사 이야기를 간단히 요약하면 이렇다. 중러 국경은 네르친스크 조약, 아이훼이 조약, 베이징 조약을 거치면서 러시아와의 국경이 정해진 것이다.

아이훼이 지청박물관

끝으로 1960년 후반기에 황무지로 불리던 흑룡강 평야를 개발하기 위해 젊은이들이 이곳에 왔다. 그 당시 그들이 힘들게 일했던 업적을 기리기 위한 지청박물관知青博物馆 등 역사적 사료가 많이 진열되어 있다. 그 정도로 여행자가 헤이허까지 왔다면 당연히 이곳을 다녀가야 한다. 그만한 가치가 있기 때문이다.

길을 걷다가 코를 자극하는 무엇이 나를 멈추게 했다. 가정에서 고량주를 양조하고 있었다. 잠시 집을 기웃거리니 아주머니가 나와 안내를 했다. 술을 양조하는 기계 기구가 넓은 공간에 가득하다. '까오량高粱'이라 불리는 수수가 커다란 솥에서 무럭무럭 김을 피운다. 이미 양조된 고량주는 대여섯 개의 커다란 통에 담겨져 있다. 웃옷을 벗어던지고 일을 하고 있던 아저씨는 한 잔의 술을 권하며 맛을 보라고 한다.

슈퍼에서 상품화된 술, 게다가 값이 싸다면 화학약품으로 쓰일 에탄올이라고 하는 알코올이 함유되었을 의심을 받는 것이 요즈음의 시대이다. 그러기에 나는 이 술의 순수성을 믿고 한 병을 배낭에 챙겼다. 여행 중 저녁이면 숙소에서 한 잔 정도 습관처럼 즐기기에 족하다.

지청 박물관을 들어갔다. 붉은색 건물의 박물관에 들어서니 그당시의 교통수단이었던 화물차 같은 열차가 전시되어 있고, 각종 농기구 농기계들도 마당에 진열되어 있다.

내부에는 젊은 청년들이 일하던 모습들이 벽에는 사진으로, 공간에는 훌륭한 조각품으로 만들어져 있다. 후마에서 만난 호남성 신화에서 왔다는 어른이 다시금 생각나는 시간이었다. 청년들은 농경기를 개발하고 젊은 여성들은 가정 의류 및 식생활 개선 등을 현지인들에게 지도했다. 이들은 휴식시간을 통하여 서로 음악을 즐겼고 밤이면 농업의 지식을 현지인에게 지도했다.

이곳에 온 젊은이들은 대부분 산동성과 상해 사람들이라고 한다. 그리고 18세에서 22세 정도의 대학을 다니는 엘리트들이다. 그래서 이곳의 박물관 이름도 '지식 청년들'을 줄여서 '지청박물관'이라고 했다.

관람을 하다가 중국 바둑계의 기성棋聖이라 불리는 섭위평이라는 바둑기사의 사진을 보았다. 그 옆에 쓰인 내용을 봤다. '섭위평은 흑룡강성 아주 작은 마을인 싼허山河농장이라는 곳에 들어갔다. 그는 바둑을 무척 좋아했는데 일을 하고 난 후 바둑 둘 상대를 찾지 못했다. 이곳의 생활로 인하여 그의 바둑에 대한 의지는 약해져 갔다. 그는 다시 북경으로 돌아가 바둑 연구에 심혈을 기울여 드디어 기성이라는 세계적 명성을 얻었다'고 기술해 놓았다.

이밖에도 흑룡강성에는 하얼빈에서 치치하얼로 가다 보면 따칭大庆이란 도시를 지난다. 이곳은 신강위그루자치구의 유전 지대와 쌍벽을 이루는 중국 최대의 유전 지대가 있다. 도시 근교뿐만 아니라 도시 내에서도 석유 시추기가 쉬지 않고 움직인다. 현지인들은 웃으면서 언젠가는 끊임없는 시추 작업으로 땅이 무너질지도 모른다고 한다.

이곳에서도 석유를 시추하기 위해서 일생을 바친 한 인물이 있다. 48세의 젊은 나이로 생을 마감한 왕진희王进喜라는 사람이다. 따칭에 가면 그의 업적을 기리고자 거대한 석유과학관을 건립해 놓았다. 그의 업적뿐 아니라 석유 시추에 필요한 각종 기계 기구들도 전시해 놓았다. 중국에서 한 인물을 기리고자 건립한 기념관으로는 최고의 축복인 듯 보였다.

어떠한 일에 일생을 바친다는 것은 고귀한 생이기도 하지만, 반면에 바보 같은 짓이기도 하다. 자신의 꿈과 뜻이 실현되었다면 영광이겠지만, 이루지 못했을 때 찾아오는 허무함을 어찌 감당할 수 있을까. 이보다 엄청난 인생 도박은 없을 것만 같다. 하지만 이들이 있어서 인류는 발전하고 행복을 누릴 수 있다고 본다. 마땅히 추앙받아 그 업적을 기릴 만하다.

다음 날 금하錦河대협곡으로 향했다.

대부분 평원의 지역인 흑룡강성에 대협곡이 있다는 것이 신기했다. 헤이허에서 그리 멀리 떨어져 있지 않다. 도착한 금하대협곡은 울창한 자작나무 군락을 이룬다. 숲속을 지나니 아래로 물줄기가 숲속을 헤집고 흘러간다. 삼림의 숲을 거닐다 보면 신선한 공기에 늘 만족한다. 산새소리와 매미의 울음소리도 정겹게 들리고 나무 사이를 오가는 나비의 군락도 자연의 아름다움을 한층 더한다.

모든 걱정과 고민을 털어내기에 아주 여유로운 시간이다. 협곡이라는 표현보다는 삼림 지대의 높고 낮음에 따른 지형의 차이에서 붙여진 이름이라는 표현이 더 어울릴 것 같다.

이곳에서 길림성 길림에서 온 나와 동년배 정도의 자매를 만났다. 여행을 하다 보면 늘 마음을 같이 하는 사람을 만난다. 이 자매 중 한 분도 교사로서 퇴직을 했고 한 분은 퇴직 후에도 학원에서 아이들을 가르친다고 한다.

중국 여행에 대해서 이야기하다가 해남도 여행에 대한 이야기가 나왔다. 서로 공통된 이야기가 있으면 더욱 친밀감을 갖게 마련이다.

이들은 추운 겨울이면 해남도에서 겨울나기를 하고 온다고 말한다.

이곳 사람들은 해남도에 별장을 두기도 하지만, 해남도나 남부 지역의 사람들도 여름이면 이곳 흑룡강성에서 피서를 즐기다 간다고 한다. 자국 내에서 이렇게 겨울과 여름을 함께 겪으면서 보내는 넓은 중국 영토가 부럽기만 하다. 나 역시 십여 년 전 해남도를 다녀온 아득한 기억을 떠올리며 두 자매와 함께 이야기를 나누었다.

헤이허 금하대협곡

두 자매의 소개로 중소민족풍경원도 구경을 함께 했다. 이 풍경원은 러시아풍의 마을을 조성해 놓은 곳으로 러시아 사람의 생활상을 잘 이해할 수 있는 곳이다. 목조 건물 안에는 서민들이 생활에 사용했던 생필품과 의류 그리고 전쟁 당시 그들이 사용하던 무기도 진열되어 있다. 이곳을 다니다 보면 러시아인을 자주 만난다. 이들은 국경이라는 긴 강을 사이에 두고 어렵지 않게 오가고 있다. 이곳을 여행하는 러시아 사람들을 만나면 추억의 기념사진을 남기는 일도 잊지 않았다.

시내로 돌아와 우리는 러시아풍의 음식점으로 향했다. 러시아풍의 음식점이라지만 중국인들이 운영하는 곳이다. 옆 테이블에서 원뿔형의 하얀 떡 같은 음식을 먹고 있는 것을 보고 우리도 같은 음식을 주문했다. 먹어 보니 콩으로 만든 두부다. 이 흑룡강성은 대부분 옥수수, 쌀, 콩을 재배하고 밀과 수수 등도 재배되고 있다. 그만큼 단백질이 풍부한 콩이 대량으로 산출되는 지역이다.

식사를 하면서 그들은 길림을 지나게 되면 꼭 들르라고 전화번호를 알려 주었다. 나는 이번 여행에 길림도 갈 것이라고 하면서 길림에 가면 반드시 전화를 하겠다는 약속도 주었다.

이렇게 하루가 또 저물어 갔다.

헤이허는 흑룡강변을 따라 여행하면서 볼거리도 많았던 지역으로 각인되는 곳이다. 두 자매와 헤어지고 숙소로 발길을 옮겼다. 화려한 거리의 불빛이 오늘따라 유난히 밝게 보인다. 여행은 본래 만나고 헤어짐의 연속이다. 홀로 떠나는 여행은 더욱 그렇다.

나는 이곳을 여행하면서 우리나라 친구들을 한 명도 만나지 못했다. 사실 중국을 여행한다고 하면 워낙 넓은 땅이기에 중요한 풍경구만 다녀도 구경할 곳이 너무 많다. 하지만 그렇게 매력이 없어 보이는 여행지도 다니다 보면 또 다른 매력을 낳기도 한다.

중국을 여행하면서 동북 삼성을 제일 늦게 여행하고 있다. 하지만 이곳을 여행하면서 사람들의 순수하고 정겨운 마음씨에 빠지기도 하고, 평원과 삼림을 여행하면서 마음의 풍요로움을 가득 안고 돌아가곤 했다. 매력은 느끼는 것이 아니라 내가 만들어 가는 것인가 보다.

이제는 잠시 흑룡강성 내륙을 흐르는 넌쟝嫩江이라는 긴 물줄기를 따라 여행했던 기억을 더듬어 보려고 한다.

Part 5

내륙의 젖줄 넌쟝嫩江

흑룡강성 중부 내륙에 있는 넌쟝은 흑룡강성과 내몽고 후뤈베이얼 지역의 경계를 따라 남쪽으로 흐른다. 넌쟝의 원류는 넌쟝 북쪽에 있는 이러후리산伊勒呼里山이라는 준령에서 시작한다. 이러후리산이라는 작은 준령은 지형상 따씽안링大兴安岭과 샤오씽안링小兴安岭을 잇는 지리적 특징을 보인다. 이곳에서 흘러온 수많은 계곡물이 합쳐져 강을 이룬 것이 넌쟝이다. 이렇게 흘러온 강은 넌쟝, 너허 그리고 치치하얼을 지나 백두산(장백산)에서 흘러온 송화강과 만나면서 그 이름을 마친다.

이제 넌쟝을 따라 여행하면서 그들과 함께한 이야기를 떠올린다. 넌쟝이 흐르는 흑룡강성과 후뤈베이얼 지역은 나의 삶의 일부분을 덧칠하고 있다고 해도 과언이 아니다. 막상 이곳을 여행하면서 순수한 사람들의 정을 느끼면서부터는 많은 친구도 사귀게 되었고 자주 이곳을 찾게 되는 계기가 되었다.

흑룡강성 북부를 여행하려면 주로 넌쟝을 끼고 지나가는 철도를 이용한다. 흑룡강성을 올 때마다 수시로 이 철길을 오르내렸다. 기차를 타고 가면서 잠깐씩 멈추는 작은 역들도 이제는 전혀 낯설게 느껴지지 않는다.

흑룡강성 북부에는 넌쟝이란 자지 않은 현이 있다. 넌쟝이라는 강물이 흐르는 다리를 하나 사이에 두고 내몽고와 마주보고 형성된 도시다. 헷갈리기 쉽지만 넌쟝은 강의 이름이기도 하고 지명으로도 존재하는 현의 도시이기도 하다.

넌쟝은 여름이면 이 강물에서 수영 대회라도 열린 듯 중년의 남자들이 수영 솜씨를 뽐내기도 한다. 물론 강변에서는 수많은 역사의 강태공 후예들도 만난다.

그리고 넌쟝은 농업 지역으로 주변에 흑룡강성 최대의 곡창 지대를 형성하고 있다. 산림이 있다면 넌쟝 근교의 삼림 지역인 고봉마참高峰馬站이란 곳이 이 지역의 최고봉을 자랑한다. 그러나 평야 지대로 이루어진 이곳에서 고봉이라고 하지만 얼마나 높겠는가?

고봉마참을 가다 보면 삼거리 길에서 한 필의 커다란 말의 조형물을 만난다. 이 조형물이 있는 곳이 무얼껀墨尔根으로써 넌쟝 황금지로의 33역참 중 제1역참이 시작되는 지점이다. 고봉마참이라는 삼림 지역은 제1역참인 무얼껀墨尔根에서 흑룡강성 최고 북쪽에 위치한 모허漠河로 가는 길목이다.

넌쟝의 고봉마참 삼림공원

삼림 숲속으로 들어가니 펜션 같은 목재 건물들이 드문드문 보인다. 여름에 이런 한적한 곳에서 피서를 즐긴다면 무척 행복할 것만 같다. 어제 내린 비로 촉촉이 젖은 숲길은 상쾌한 공기로 충만했다. 더욱 좁은 숲길로 접어드니 울창한 나무 숲속은 어느새 원시 삼림의 기분을 느끼게 한다. 길을 가로막은 쓰러진 나무에서 피어난 버섯이 꽃처럼 느껴진다.

또 넌쟝 강가에 아름다운 농촌인 린쟝臨江이란 곳이 있다.

린쟝을 찾은 이유를 말하자면 너무 길다. 간단히 말해서 스빠짠十八站에 있을 때 스빠짠의 친구가 넌쟝을 간다고 했다. 넌쟝의 친구가 집을 사서 이사를 하는데 축하를 해 주기 위해서다. 또 부모님이 넌쟝에 있어 겸사겸사 부모님을 뵈러 가는 것이다.

스빠짠에서 친구 자가용으로 다섯 시간을 달려 넌쟝에 도착했다. 차를 타고 가는 내내 차 안에서 들려주는 노래에 취했고, 가끔씩 농촌의 풍경이 아름다운 곳을 지나게 되면 잠시 내려 농촌 마

의의 정취를 감상하기도 했다

넌쟝에 도착하니 그의 친구들이 마중을 나왔다. 스빠짠 친구가 나를 한국 친구이고 자주 흑룡강성을 여행한다고 소개했다. 이들 친구 중에 아주 친하게 지내는 친구의 집이 바로 린쟝에 있다.

린쟝을 가기 전 친구 덕분에 이들과 멋진 식사도 즐기고 이사할 새 아파트의 근사한 가정집도 둘러보았다. 이렇게 만난 지인들이 나를 데리고 어디론가로 떠났다. 그곳이 바로 넌쟝 강변을 따라 들어간 린쟝이란 마을이다.

린쟝을 향하여 가는 내내 산과 들이 서로 구릉지를 이루어 더욱 자연의 푸근함을 느끼게 한다. 가끔씩 드러나는 강변에서는 소와 양들을 방목하는 목장주들의 모습과 낚시를 즐기는 여유로운 사람들의 모습도 보인다. 조그마한 조각배들은 수명을 다했는지 녹슨 채로 강변에 무질서하게 놓여 있다.

린쟝에 도착했다.

촌마을이라고 하지만 의외로 많은 가옥이 단정하게 자리하고 있다. 하지만 마을의 젊은 청년들은 돈을 벌기 위해서 도시로, 도시로 떠나갔다. 어쩌다 사람들을 만나면 나보다 그들이 더욱 반가워했다.

길에 늘어진 나무에 달린 각종 열매는 주인이 없어 보인다. 주변의 밭에서는 '위과窩瓜'라는 호박이 뒹굴고 있고, 옥수수와 콩은 빗속에서도 영글어 가고 있다.

덩굴성 가지인 양 열매를 주렁주렁 달고 있는 구기자 나무를 보았다. 빨갛게 익은 구기자 열매는 먼저 먹는 사람이 임자다. 남의 집 울타리를 넘나들며 따 먹어도 누구 하나 간섭을 하지 않는다.

중국의 영하회족자치구의 성도인 인추안銀川을 중심으로 구기자가 많이 생산되고 있다. 이곳을 여행하면서 구기자 시장을 둘러본 적이 있었다. 여름이면 농촌의 농로에도 길게 멍석을 깔고 구기자를 말리는 광경을 쉽게 만날 수 있기도 하다.

강변을 산책했다.

강이라기보다는 넓은 호수라는 표현이 더욱 어울릴 것 같다. 배를 타고 나가 고기를 잡기 위해 쌓여 있는 그물망이 곳곳에 놓여 있다. 낮게 내려앉은 묵직한 구름이 이내 비를 뿌렸다. 갑자기 내리는 비를 피하고자 가까이 있는 집으로 무작정 들어갔다. 주인이 보이지 않았다. 아무도 없는 집 안에서 20여 분 정도 비를 피한 뒤다시 강변을 걸었다. 등이 축축이 젖은 양떼와 소떼의 무리들이 우리 주변을 돌면서 풀을 뜯고 있다.

이것이 내가 본 린쟝 마을의 풍경이다.

산책을 하고 돌아왔다.

친구들은 부인들과 서로 약속이나 한 듯이 알아서 일을 분담하여 점심을 준비하고 있었다. 부인들은 텃밭에서 뽑아 온 배추, 고수 등의 채소를 씻고, 고추. 피망. 가지 등의 열매채소도 준비를 했다. 남자들은 부엌에서 넌쟝에서 준비해 가지고 온 고기를 끓이고, 맛있게 양념을 한 생선을 찌고 있었다. 여러 번, 아니 자주 해 본 솜씨인지 모두가 전혀 어색한 모습이 보이지 않았다.

중국은 우리나라 문화와 달리 오래전부터 남자도 주방에 들어가 음식을 준비하는 것이 일상화되어 있다. 이제는 우리나라도 아내들이 취업 전선에 뛰어들면서 남편들도 가사 일에 적극 참여하고 있는 것을 볼 수 있다.

친구에게 왜 이곳의 지명이 린쟝으로 되었는지 물었다. 친구는 강변에 접하고 있는 마을에 린쟝이란 지명은 그리 낯선 것이 아니라고 한다. 동북을 여행하면서 압록강에 위치한 곳에 린쟝시가 있고 내몽고 후룬베이얼에도 어얼구나허額尔古納河를 끼고 린쟝이란 마을이 있는 것을 보았다.

드디어 음식이 차려졌다. 나는 친구의 지인들과 함께 식사를 하면서 린쟝의 고사에 대한 이야기를 늘어놓았다.

중국 고사에 '臨江之麋(임강의 사슴)'이란 글이 있다.

넌쟝 공원

당나라 때 학자 유종원柳宗元의 「삼계三戒」에서 나온 자녀 교육에 관한 내용이다.

딸들이 많은 집안의 아들이 하나 있다. 부모가 아들이 하나라고 너무 귀엽게만 키웠다. 버릇이 없어진 아이는 자립심을 키우지 못해 사회에서 낙오자가 되어 버렸다. 이것을 사슴과 사냥개라는 동물에 비유하여 우화로 만들어 낸 이야기다.

이 이야기를 하고 있는 동안 이런 고사를 알고 있는 사람은 없었다. 중국 고사인데도 이들은 들어 보지 못했다고 한다. 하물며 이 친구들 중에는 교사 생활을 하는 친구도 있다.

다음은 1년 전 싼허山河 농장을 들렀을 때의 일이다. 넌쟝에서 버스로 1시간 정도 걸리는 곳에 커루워科洛와 싼허山河 마을이 있다. 커루워와 싼허 마을은 도로를 사이에 두고 지명을 달리 한다. 커루워에서 다시 반시간 이상을 달리면 싼허농장에 도착한다. 싼허농장을 가는 도로 주변으로는 수확을 끝낸 황량한 들녘이 끝없이 펼쳐져 있다. 처음 이곳을 올 때는 수확을 앞둔 시기라 온 들판이 황금색 물결을 이루고 있었다.

지난번에 다녀간 펑정산平定山도 저 멀리 보인다. 야트막한 산이지만 화산으로 형성된 분화구이다. 펑정산 주변으로 펼쳐진 초원에서 말들은 한가로이 마지막 풀을 뜯고 있다. 조금 있으면 겨울이 오고 말들은 마구간에서 농후 사료인 건초를 먹으며 긴 겨울나기를 해야 한다.

싼허 마을에서 숙소를 잡았다.

이곳에는 지난번에 와서 만난 친구가 있다. 이 친구는 트럭을 가지고 다니면서 여름에는 수박을 싣고 다니며 팔고 수박이 끝나면 감자 신지인 너희에서 가을 감자를 신고 다니면서 팔기도 한다. 친구에게 전화를 했더니 요즈음은 콩이나 벼를 신고 다른 곳으로 운반하는 일을 한다면서 멀리 나와 있다고 한다.

숙소에서 여장을 풀고 산책을 나가려는데 공안이 찾아와 나를 부른다. 나의 신분을 확인하더니 한국인이 이런 곳에 왜 왔느냐는 듯이 자세하게 물어왔다. 나는 교직에 있었고 나의 전공이 농업이라서 이곳의 농촌 생활과 농업에 관심이 있어 여행을 자주 한다고 했다. 공안은 러시아 사람은 가끔 보았어도 한국인은 처음이라며 나의 신분을 기록하고 돌아갔다.

숙소를 나와 문화공원을 거닐기도 하고 블루베리 열매로 즙을 만드는 공장도 잠시 들러 참관을 하기도 했다. 특별한 것은 아니지만 비밀 제조법이라도 있는 양 내부의 시설은 입장을 허락하지 않았다. 해가 지평선으로 완전히 내려앉을 때까지 쌘허 마을을 걸었다.

아침에 농장을 찾아갔다.

예전에 만났던 이름 모를 사람들도 보고 싶다. 그들은 나를 보면 멀리서 또 왔다고 무척 반가워할 것만 같다. 왜냐하면 이곳을 여행하면서 늘 그렇게 경험을 했기 때문이다.

길가에 있는 공장 같은 곳에 트랙터, 콤바인, 경운기 등 각종 농기계들이 늘어서 있다. 모두가 대형이다. 워낙 넓은 농지이기에 그럴 수밖에 없다. 농번기에 도로를 달리는 농기계를 보면 상대방 차선까지 차지하여 반대편에서 오는 차량들이 길가로 바짝 피해 잠시 정차하기도 한다. 마침 오늘은 수확 후 기계들을 잘 정비해 두기 위해서 정리를 하는 것 같았다.

농장에 도착했다.

오십여 가구도 채 안 되어 보이는 작은 마을이다. 마을 한가운데에 스피커를 틀어놓고 세워져 있는 작은 트럭 한 대가 보인다. 사나흘에 한 번씩 이곳 마을사람들을 위해 생필품을 가지고 와 장사를 하는 차다.

싼허농장의 겨울나기 준비

이곳에 사는 사람들은 싼허라는 마을까지도 나가는 교통이 여간 불편하지 않다. 그래서 옷가지 그리고 각종 식료품들이 이렇게 차로 들어온다. 이때면 작은 마을의 사람들이 모두 만날 수 있는 유일한 시간이다. 몇몇의 아주머니들은 가을 햇살의 온기를 받으며 담벼락에 기대어 바느질을 하거나 버섯을 다듬고 있다.

지난번에 만났던 몇 분은 잊지 않고 반갑게 인사를 나누며 맞아 주었다. 그들을 따라 젖소 농장도 둘러보고, 습지처럼 되어 있는 들판을 거닐며 그동안 어떻게 지냈는지 안부를 묻기도 한다. 이들은 조금 있으면 다가올 겨울 준비를 하느라고 실개천 사이로 자랐던 작은 나뭇가지들을 주워 보을 것이나.

겨울에 눈이 내리면 이웃집도 가지 못할 정도로 폭설이 내릴 때가 있다고 한다. 이럴 때는 보름 정도 완전히 고립된 마을에서 지내기도 한다. 그러면 들녘에 들짐승들도 눈에 덮여 움직이지도 못하고 죽기도 한다. 때로는 전기마저 단전이 되면 암흑 그 자체라고 한다.

떠나야 할 시간이다. 이렇게 짧은 만남과 헤어짐은 서로를 더욱 그리워하게 만드는가 보다. 떠나는 나를 향해 오랫동안 손을 흔들어 보였다. 언제 또 올지 모를 약속의 말을 남기고 어둠이 내릴 때쯤 싼허 마을로 돌아왔다.

또 넌쟝 근교에는 져우산九三이란 곳이 있다.

이곳은 크지는 않지만 주변의 농장을 관리하는 주요 기관이 있는 지역이다. 이들의 농업 기관의 조직도를 보면 여러 단계로 구성되어 있다. 흑룡강성의 농업 조직의 형태는 '대队-분장分场-농장农场-농간국农垦局-농간총국农垦总局-농업청农业厅-농업부农业部'의 여러 단계로 되어 있다. 아주 작은 면급의 져우산이지만 농간국이라는 농업 기관이 존재하는 곳이기도 하다. 최고의 농업 기관인 농업부는 북경에 있다.

그래서 농업에 대한 그럴싸한 박물관과 종자연구 및 보급하는 기관도 있다. 몇 번을 그냥 지나쳤지만 이곳에서 만난 지인을 따라 위에진跃进과 허싼鹤山이란 농장을 다니면서 들녘의 가을 수확 장면을 구경할 수 있었다.

이곳에서도 흑룡강성 최대 규모의 옥수수 밭을 보기도 했다. 그

규모가 만무万畝라고 한다. 그리고 중국 영화 〈붉은 수수밭〉을 연상케 하는 넓은 수수밭을 영화의 주인공처럼 걸었다.

차를 타고 농로를 가다 대형 농기계를 만났다. 우리가 탄 차는 골목이니 빈 공간으로 피해야만 했다. 우리나라에서 보는 농기계가 아닌 두 배 정도 큰 대형 농기계들이 농번기 때는 수시로 농촌 들녘을 이렇게 지나간다.

특히 지인의 도움을 받아 이곳 관리인이 특별히 배려해 주어 옥수숫대를 베어 내는 기계를 시운전해 보기도 하고, 수확이 끝난 후의 경지 정리와 이랑 만드는 작업을 현장에 가서 직접 경험하도록 해 주었다. 지인은 나에게 더 많은 경험과 이해를 주기 위해 설명도 자세히 해 주었다.

위에진 수수밭

넓은 대단위 농장은 국가가 관리하기에 다음 해 심을 작목도 국가 기관에서 결정한다. 한 이랑에 옥수수는 두 줄, 콩은 세 줄로 심는다. 그리고 다음 해에 심을 작물을 위해 이랑을 만들면서 동시에 비료를 뿌려 준다.

끝으로 지인은 옥수수와 콩을 건조하는 공장으로 안내했다. 지금 이곳에서 일을 하는 사람이 다섯 명 정도로 모든 공정이 자동화로 이루어진다. 산더미처럼 쌓인 곡물이 컨베이어벨트를 타고 건조기로 들어가고 나오는 공정이 24시간 계속된다. 이때가 되면 중국 전역의 축산업 종사자들이 곡물을 트럭으로 싣고 간다고 한다. 올해는 지루한 장마로 인하여 농작물의 작황이 많이 안 좋아졌다고 한다. 10년에 한 번 정도 기상 이변처럼 다가오는 수해라고 한다.

시내로 돌아와 농업 박물관을 들렀다.

박물관에는 주로 이곳의 농업 발전사와 그들의 농촌 생활상을 잘 조명해 놓았다. 특히 이곳에서 생활했던 중국 바둑계의 대부인 섭위평의 인물을 크게 부각시켜 놓기도 했다. 섭위평이 북대황을 개발하는 시기에 이곳에 와서 일을 하면서 바둑 수업을 했던 곳이기 때문이다.

저녁이 되어 지인의 친구 친지들과 식사를 하게 되었다. 나는 본래 고량주를 즐겨 마신다. 술을 많이 마신다기보다는 고량주의 독한 냄새를 즐기는 편이다. 그런데 이곳에서는 술을 마시면 꼭 석 잔을 마셔야 한다는 말이 있다. 이유가 재미있다.

옥수수 건조 공장

이곳 지명이 '구삼九三'인데 '주삼酒三'이란 말과 발음이 같다. 그래서 술 석 잔이란 의미를 만들어 내어 반드시 석 잔을 마셔야 한다고 나에게 권한다. 물론 즐거운 시간을 만들기 위해서다.

이런 유머러스한 말들을 지어냄으로써 우리는 행복하고 즐거운지도 모른다. 나는 석 잔을 마시고 취하며 함께 어울리는 시간을 가졌다.

이제는 여행을 하면서 많은 친구도 생겼다.

모두가 최북단 모허에서 만난 모홍리라는 아주머니의 덕분이다. 그녀는 마나오 수석에 전문적인 지식을 갖고 있어 수석에 관심이 많은 사람들과 친분 관계를 가지고 있다. 게다가 남자답게 호탕한 면도 있지만 사교성도 아주 뛰어나 보였다. 그녀는 우연히 길을 가다가도 만나는 사람이 있으면 어느새 진지한 대화가 오간다. 이번에도 그녀를 통해서 알게 된 친구를 찾아간다.

져우산에서 가까운 곳에 이라하伊拉哈라는 곳이 있다. 기차역으로는 져우산에서 바로 다음 정거장이다. 여기에는 2년 전 겨울 내

몽고 커이허呵一河에서 만난 복재소늘 운영하는 '취엔쓰키엔슈界铁'
이라는 친구가 있다.

내가 올 때마다 연락을 하면 꼭 들르라고 말한다. 지난번에도 나
를 초청하면서 친구들을 불러 목재소 마당에서 '꺼우훠篝火(모닥불)'
를 피우면서 푸짐한 음식으로 나를 대접하기도 했다.

찾아간 나를 보자마자 그는 반가운 포옹으로 한동안 멈추어 있
었다. 아주 먼 곳에 친구가 있다. 살아가면서 한 번도 만나지 못할
지도 모른다. 그런데 잊지 않고 찾아간다는 것과 기다린다는 것은
참으로 고마운 일이다. 하물며 공자도 이런 것을 두고 '有朋自遠方
來不亦樂乎'이란 구절을 남겨 두었다. '친구가 멀리서 찾아오니 이
또한 기쁘지 아니한가'란 뜻이다.

이곳에서 나흘간을 함께했다. 그러면서 목재소 일꾼들과도 어울
리고 주방 아줌마와도 웃으면서 이야기하는 사이가 되었다. 마음
이 통한다는 것은 사람의 관계에 있어 얼마나 감사할 일인지 모른
다. 특히 여행을 하면서 짧은 만남을 통해 이루어지는 교분은 엄청
난 인연이기도 하다. 그래서 나는 귀국 후에도 그들을 잊지 못해
발길을 또 그리로 옮긴다.

이 친구는 원래 고향이 내몽고 후뢴베이얼에 있는 잘란툰扎兰屯
이란 도시다. 아내와 늦게 난 딸이 잘란툰에 있다. 그가 일하는 이
곳에서 자가용으로 다섯 시간 정도 걸린다. 친구는 아들이 열흘
후에 결혼을 한다면서 잘란툰에 오면 좋겠다고 했다. 북경에서 근
무하는 아들이 하남성 정주郑州가 고향인 회사 동료 아가씨를 만
났다고 한다.

나는 그 약속을 지켰다.

헤어진 후에 약속한 날짜에 잘란툰에 도착했다. 그는 사나흘 간 멀리서 비행기를 타고 온 열 명 정도의 사돈 식구들을 대접하느라 식사 때마다 바쁘게 움직였다. 그뿐만이 아니다. 찾아온 친구들까지 숙소와 식사를 늘 챙긴다. 예전에 다른 곳에서 본 결혼식에서도 그랬다. 이들의 결혼에 대한 일반적인 관습이라고 생각한다. 그래서 결혼 하루 전 저녁에는 모든 사람들이 식당에서 술과 음식으로 결혼 분위기를 돋우기도 한다.

이라하 친구의 목재소

잘란툰에 이틀 동안 비가 내렸지만 결혼식 날에는 다행히 햇살이 반짝 빛나고 있었다. 아침 일찍 결혼식장에는 결혼식을 알리는 반원의 비닐 풍선을 세워 놓았다. 신랑신부의 결혼을 축하하는 폭죽 기구도 길게 깔아 놓았다. 이 모든 것들은 신랑 아버지 친구들의 도움으로 만들어졌다. 신랑신부가 탄 차가 도착하자 폭죽이 도시를 뒤흔들 정도로 요란한 소리를 날린다. 중국의 도시에서 이런 폭죽 소리를 듣는 것은 대부분 결혼식이나 개업을 할 때 행해진다.

식장으로 들어가면 원형의 테이블에 푸짐하게 놓인 음식을 만난다. 보기만 해도 배가 부르다. 식장 입구에서는 간단히 축의금도 받는다. 친척들은 축의금으로 보통 천 원 정도를 내고 친구들은 이백 원에서 오백 원 정도를 내지만 보통 짝수 금액으로 한다.

친구는 나에게 돈을 아끼라고 했지만 오백 원을 했다. 한 달에 월급이 오천 원이면 좋은 직업이다. 하지만 축의금으로 천 원을 낸다고 하면 이것 역시 거금을 낸다고 할 수 있다. 어렵게 살아가면서도 이런 관례에 이들은 전혀 개의치 않는 것 같다.

신랑 아버지인 친구는 나에게 특별한 이벤트로 축가를 한 곡 부탁했다. 나는 이런 기회에 사양을 한다는 것이 너무 미안하다는 생각이 들었다. 사회자의 지시에 따라 결혼식이 잘 진행되었다. 결혼식에 몇 번을 다녀 봤지만 이곳의 결혼 문화는 주례가 없는 것 같다. 사회자의 지시에 따라 웃고 즐기는 시간이 우리나라의 결혼 문화보다 더 재미가 있었다. 처음 보는 생소함에서 느끼는 기분일까?

이제는 식사를 하면서 즐기는 시간이다. 멋진 붉은 드레스를 입은 여인이 마이크를 잡더니 제일 먼저 나를 소개했다. 주변의 시선이 내게로 쏠렸다. 한국 친구라고 소개하면서 노래를 부탁했다. 나는 마지못해 나가는 듯이 무대로 올랐다. 그리고 신랑 아버지와 나와의 만남과 약간의 나를 소개했다. 축가로 「십팔 세 순이」를 불렀고 앵콜로 「아리랑」을 불렀다. 노래가 끝난 후 노래의 내용에 대해서 간단히 설명도 해 주었다.

자리로 돌아오자 사람들이 술잔을 들고 와 한 잔씩 권했다. 조금씩 받아 마시니 대낮의 취기가 올라오고 있었다. 가족사진을 찍는 시간에도 친구는 나를 불러 자기 가족의 일부로 남겨두었다. 늦게 둔 친구의 어린 초등학생 딸은 나의 손녀 같은 기분이 들었다.

결혼식이 끝나고 다음 날 사돈 식구들을 모시고 주변의 볼거리 구경에 나섰다. 멀리서 온 사돈들에 대한 예우를 다하는 것이다. 나 역시 두 가족의 일부인 양 그들과 함께했다. 잘란툰을 그동안 여러 번 다녀갔어도 이름조차 듣지 못했던 삼성사三聖寺라는 절을 찾았다. 평원에 유일하게 솟은 작은 언덕에 지어진 절이다. 정상에 올라 주변을 내려다보니 초록색의 물결이 포근하게 다가왔다.

산을 내려와 찾아간 곳은 '청지스한成吉思汗'이란 곳으로 잘란툰 근교에 있는 자그마한 마을이다. 기차를 타고 가다 보면 잘란툰 바로 옆에 있는 역이다. 역의 이름이 우리가 말하는 '징기스칸'의 명칭이다. 열차로 이곳을 지날 적마다 왜 이곳의 지명으로 유독 몽골의 지배자 이름을 주었을까 무척 궁금해하기도 했던 곳이다.

현지인에게 물어보니 청지스한이 출병을 할 때 군사를 이곳에 주둔시켜 놓은 곳이라고 한다. 몽고족 게르를 들어가는 입구에는 '청지스한역참成吉思汗驛站'이라고 쓴 높은 대문을 지난다. 안으로 들어가면 게르 앞의 넓은 공간에는 삼지창의 무기가 기둥처럼 높이 세워져 있고 커다란 바위에는 유달리 '청지스한아오바오成吉思汗敖包'라는 글씨가 쓰여 있다. 내려다보이는 푸른 초원 곳곳에는 게르와 말들이 서로 군락을 이루어 아름다운 풍경을 자아낸다.

나들이를 간 초원의 게르 식당에서 미리 예약을 해둔 음식을 보고 놀랐다. 후룬베이얼 초원의 상징인 양을 잡았다. 그리고 한 마리의 삶은 양이 통째로 커다란 원형의 테이블에서 들고 있었다.

사돈의 제일 어른에게 먼저 맛을 보인 후 우리들은 마음껏 포식했다. 이곳에서도 술과 노래의 흥이 있었다. 나는 「후뤈베이얼 대초원」이란 중국 노래를 불렀다.

이들은 중국 노래를 하는 나를 보고는 무척 감동했는가 보다. 하남성에서 온 고등학교 3학년 여학생이 갑자기 나와 포옹을 하자고 한다. 이 학생은 이번에 미술대학에 진학을 했다고 한다. 식사를 마친 오후에 아이들은 야외 수영장에서 물놀이를 즐기고 젊은 이들은 말을 타고 초원을 산책했다.

이라하 목재소 아들의 결혼식

2박 3일의 결혼식 참관이었다. 중국의 결혼 문화를 주인공처럼 느낀 후뤈베이얼 잘란툰에서의 추억이다. 이렇게 넌쟝 주변의 친구들이 있어 이곳을 지나게 되면 들러서 많은 이야깃거리를 남기곤 한다.

이제 넌쟝을 따라 남쪽으로 내려가다 보면 감자 산지로 이름난 너허讷河라는 도시가 있다. 그리고 너허에서 넌쟝을 건너면 내몽고 지역으로 모리다와치莫力达瓦旗라는 현을 만난다. 기차를 타고 가다가 너허에 내려 모리다와치까지 가는 버스를 타면 된다. 너허에서 버스를 타면 약 20분 정도 소요된다.

이 도시는 '다월족'이라는 소수민족자치구로, 현지인들은 지명을 두 글자로 줄여서 '모치莫旗'라고 부른다. 나는 추운 겨울 흑룡강성을 여행할 때 이곳을 들렀다. 문 닫힌 다월족 박물관을 수소문한 끝에 복무원을 찾아 관람하는 의지의 끈기도 보였다.

관람을 마치고 복무원의 말대로 다월족 마을을 찾아갔지만 사람의 그림자조차 볼 수 없었다. 꽁꽁 얼어 버린 동토의 땅에서 그들은 다른 곳으로 모두 떠난 뒤였다. 알고 보니 임시 천막에서 생활하면서 여름에만 여행자들을 위해 음식을 팔고 공연을 통하여 수입을 올린다고 한다.

이곳에는 꽤나 큰 니얼지尼尔基댐이 있다. 넌쟝을 흐르면서 건설된 유일한 댐이다. 수리 시설로서 가뭄과 홍수를 조절하여 농업용수로 이용하는 기능을 한다. 겨울의 하얀 설원에 모두가 얼어 버린 지금은 댐의 크기를 가늠할 수가 없었다.

흑룡강성은 북동부를 제외하면 대부분 평야를 이루고 있다. 그리고 삼림 지대라고 해도 해발 높이가 그리 높은 편이 아니다. 이런 가운데 넌쟝이 흐르면서 댐을 형성할 수 있는 것은 놀라운 일이다. 흑룡강성에서 이보다 큰 수리시설을 가지고 있다는 곳을 들어보지 못했다.

중국에서는 '강'과 '하'를 어떻게 규정하는지 궁금하여 인터넷을 살펴보았다. 한자 풀이에 의하면 '하河'의 삼수변을 제외한 '가可'는 곡선을 의미하고 '강江'의 삼수변을 제외한 '工'은 직선을 의미한다고 한다. 물줄기가 굽어 흐르면 '하河'이고 거의 직선으로 흐른다면 '강江'이라는 이름을 주었다고 한다.

우리나라에서는 굽어 흐른다는 의미의 '하河'는 없다고 한다. 이 글을 읽고 반론을 제기하려고 중국의 '강江'과 '하河'를 살펴보았지만 그런대로 틀린 말은 아닌 것 같다.

너허에서 넌쟝을 따라 내려가다 보면 '푸위富裕'라는 현을 만난다. 푸위 역시 자그마한 마을인 바이루百路에서 공연한 '써빈지예' 축제를 보고 떠날 때 스쳐갔던 곳이기도 하다. 이번에는 치치하얼에서 중국 친구들과 푸위로 나들이를 떠났다.

치치하얼에서도 멀지 않은 이곳 푸위는 흑룡강성에서 치치하얼의 '북대창北大仓'이란 술과 견줄 만한 '부유로교富裕老窖'라는 술이 유명하다.

치치하얼에서 서쪽으로 가다 보면 내몽고 경계 부근에 니엔즈산碾子山이라는 도시가 있다. 이곳에서 사동산蛇洞山이라는 산을 등반하고 내려와 양조 공장을 들른 적이 있다.

제조 공정을 둘러보고 나오려는데 직원이 불러 세운다. 그는 72도의 엄청난 도수를 자랑하는 고량주 한 잔을 마시면 술 한 병을 준다고 한다. 나는 과감히 실행에 옮기고 선물로 받은 작은 술병을 들고 나왔다. 오래도록 목의 따가운 열기는 사라질 줄 몰랐다.

푸위 근교에는 철따라 기러기 떼가 날아온다는 작은 호수가 있다. 기러기가 나는 호수라는 의미의 '안상호雁翔湖'라는 호수다. 기

러기가 날아와 호숫가의 갈대숲을 날면 아주 멋진 장관을 이룬다
고 한다. 하지만 호수의 기러기 떼를 본다는 것은 아주 행운이라고
현지인은 말한다.

내가 갔을 때도 기러기는 저 멀리 다른 곳에 있었다. 아무튼 여
름에는 호수의 뱃놀이를 즐기기도 하고, 유락시설을 만들어 놓아
하루 나들이 코스로도 많은 사람이 찾는다. 나 역시 친구들과 온
종일 호숫가에서 더위를 피하면서 즐긴 하루였다.

벼농사 지역으로 유명한 커싼克山이란 현급의 도시도 도심 가운
데에 위민호爲民湖, 애민호愛民湖라는 두 개의 호수가 다리를 두고
분리되어 있다. 호수의 규모도 아주 커 한 바퀴를 돈다면 한 시간
이상은 족히 걸릴 것 같다. 이처럼 물이 넘쳐나는 흑룡강성의 도시
들은 호수나 강을 끼고 있다. 특히 커싼은 아직 개발하지 않고 있
지만 따칭大庆 지역과 함께 석유 매장량이 많은 지역으로 알려져
있다. 부러운 중국의 일면을 다시금 느꼈다.

넌쟝을 따라 치치하얼로 간다.

치치하얼은 흑룡강성과 내몽고 북부를 여행하는 동안 교통의
중심지로 오래 머물렀던 곳이다. 이곳은 흑룡강성에서 하얼빈 다
음으로 큰 제2의 도시다.

하얼빈에 송화강이 흐르는 태양도太陽島라는 섬이 있다면 이곳에
는 넌쟝이 흐르는 명월도明月島라는 섬이 있다. 그리고 가끔 산책
을 즐기던 강심도江心島와 인공 호수로 만들어진 롱사공원龙沙公园
이 있다. 그래서 이름 있는 명산은 없지만 드넓은 평원에 강과 호
수 그리고 습지가 어우러져 즐겨 찾곤 했다. 나는 치치하얼에 있으
면서 기회가 있을 때마다 주변의 볼거리를 둘러보았다.

메이리쓰 조선족 공연 중 기념사진

치치하얼에서 가까운 도시인 메이리쓰梅里斯라는 곳이 있다. 이곳은 국화 전시회를 매년 갖는 곳으로 이름이 나 있다. 그리고 매년 가을이면 각 마을의 대표들이 나와 춤과 노래를 공연하는 행사도 열린다. 작은 도시에 걸맞지 않게 행사 규모도 대단하다. 이때는 조선족 부락도 참가를 한다. 오색의 화려한 전통 한복을 입은 아주머니들은 우리나라 전통 민요에 맞추어 멋진 춤 솜씨를 선보였다.

치치하얼 도시 아래 앙앙씨昻昻溪라는 현급의 도시가 있다. 이곳을 찾은 이유는 이곳에 박물관이 있는데 고고학의 연구 자료가 진열되어 있다고 한다. 내가 고고학의 역사적 사료에 해박한 지식이 있다거나 깊은 관심이 있어서 간 것은 아니다. 그저 여행자로서 단순한 호기심과 흥미의 발동이었을 뿐이다.

찾아간 시간에 마침 북경의 어떤 회사 직원들이 연수차 이곳을 들렀다. 이들을 따라 들어간 곳에서 박물관 직원이 나와 그들을 맞았다. 나 역시 그들과 섞여 안내자의 설명에 귀를 기울였다. 우선 이곳의 역사적 사료를 발굴한 인물을 소개하면 이렇다.

중국 최초의 고고학자 양사영梁思永은 중국 고고학의 선구자로서 1930년 북경에서 내몽고를 거쳐 이곳까지 와서 앙앙씨의 신석기 시대 생활상을 발굴하였다.

이 사람은 어린 시절을 일본에서 보냈고 귀국하여 중국 청화대학에서 공부를 하였다. 대학 졸업 후 다시 미국 하버드대학에서 고고학과 인류학을 전공했다. 이곳 앙앙씨의 유적은 하얼빈 지역을 여행하던 어느 서양인에 의해 처음으로 알려지게 되었다고 한다.

직원의 설명에 특별히 알아들을 수 있는 것에는 더욱 관심을 보였다. 구석기의 타제석기시대에서 신석기의 마제석기시대로 옮겨오는 과정은 세계 근대사의 산업혁명에 버금가는 인류의 획기적 발전사였다고 말한다.

7,500년 전의 흑토기가 발굴되면서 유적의 발굴이 시작되었다고 한다. 이곳의 기후는 무척 따뜻했으며 인간이 살았던 흔적과 죽은 후 매장된 모습도 발굴되면서 그 당시의 생활상을 잘 설명해 주고 있었다.

더욱 나의 귀를 의심케 만드는 것은 늑대의 배설물에서 나온 풀의 성분을 보고 늑대가 그 당시에는 초식동물이었다고 한 설명이었다. 아울러 날씨의 온난함으로 인하여 일찍이 사람이 거주할 수 있는 환경이었다고도 한다. 그러고 보면 아주 오래전 이 흑룡강변의 쟈인嘉蔭이나 밍산名山에 공룡이 서식할 수 있는 환경이 되었다고도 볼 수 있다.

따칭 석유과학기술관

이런 설명을 듣고 박물관을 나오면서 불현듯 스치는 것이 있었다.

양사영은 1954년 50세의 일기로 생을 마감했다. 따칭大庆 지역의 석유발굴을 위해 일생을 바친 왕진희王进喜 역시 48세의 일기로 생을 마감했다.

인류의 위대한 업적을 이룬 훌륭한 인물들은 이렇게 짧은 생이 약속되어 있는 걸까 하는 암울한 생각이 스쳤던 것이다. 이상하게도 이 나이까지 생을 연명하며 살아온 내가 부질없어 보인다.

이곳에는 기차역 가까운 곳에 러시아풍의 건물이 있다. 예전에 러시아가 이곳을 지배했던 시기에 쉐이만철도라고 불리는 중동철도를 놓았다. 그리고 중간중간 철도를 관리하기 위한 시설을 갖추어 놓은 곳 중의 하나다.

흑룡강성 남부를 가로지르는 중동철도에는 헝따오허즈横道河子, 앙앙씨 그리고 내몽고의 잘란툰이란 곳에 철도 관리를 위한 시설을 두었다. 그중에서도 중동철도의 제일 중앙에 위치하고 있는 곳이 앙앙씨역이다. 하지만 규모로는 잘란툰이나 헝따오허즈에 비해

아주 작은 편이다. 세 곳 모두 역에 내리면 그 옛날을 기억하기 위
해 기념관을 지어 하나의 볼거리로 만들어 놓았다.

치치하얼의 넌쟝이 흐르는 곳에 화평和平광장이있다. 화평광장
에는 쟝치아오江橋에서 항일 전투를 하여 승리한 사실들을 날짜별
로 기록해 두었다. 흑룡강성 서남쪽에 쟝치아오라는 크지 않은 마
을이 있다.

일본군은 치치하얼 룽사공원을 중심으로 지하 벙커를 만들어 놓
고 3㎞ 떨어진 곳에 '대흑포大黑包'라는 포대 진지까지 구축해 놓았
다. 그리고 이곳 쟝치아오가 나름대로 주목을 받는 것은 남에서
북으로 통하는 요충지였기 때문이다.

그래서 일제 강점기에 동북삼성에서 제일 먼저 항일 운동이 일
어난 곳이다. 넌쟝이 흐르는 이곳에는 지명과 같은 강교江橋라는

쟝치아오 마점산장군 기념관

철교가 있다. 일본군이 남에서 북으로 통하는 철교를 만들어 놓은 곳이다. 쟝치아오터미널에서 멀지 않은 곳에 항일기념비와 기념관이 있다. 기념관에 가면 그 당시의 전투사를 잘 기록해 두었다.

1931년 남경의 국민당 정부가 무저항정책을 취하는 틈을 타서 일본군이 요녕성과 길림성을 점령하고 흑룡강성으로 진격해 왔다. 이때 마점산 장군이란 국민당의 훌륭한 군인이 있었다. 마점산은 이곳 쟝치아오에서 일본군을 크게 무찌르며 혁혁한 공을 세웠다고 기록해 놓았다.

쟝치아오 마을 주변을 거닐다가 마을 사람들이 몰려 있는 곳이 있어 가 보았다. 담벼락에 고기를 올려놓고 값을 흥정하고 있었다. 내 생애에 실제로 이렇게 큰 고기는 처음 보았다. 10kg의 '팡터우위胖头鱼'라고 하는 고기인데 1근에 10원이라고 하면서 200원의 값을 매겼다. 살아 움직이는 고기를 들려 하니 무게가 더욱 무거워 보인다.

넌쟝은 공장 시설이 없는 청정의 강이라고 한다. 여름뿐만 아니라 겨울에도 강에서 수영을 즐기고 낚시를 즐긴다. 하지만 치치하얼을 거쳐 간 넌쟝은 푸라얼지富拉尔基라는 곳을 지난다. 이곳은 중국 최대의 특수강 회사와 중국 제일의 중공업인 선박이나 비행기의 부품을 만드는 군수품 공장이 있다.

예전에는 이곳에서 일하는 공장 근로자 수가 10만이 넘었으나, 지금은 공장의 대부분이 하북성 친황따오秦皇岛로 옮겨 갔다고 한다. 당연한 결과지만 지인의 도움을 받아 공장을 참관하려 했지만 외국인이라 보안 문제가 있다며 허락해 주지 않았다.

푸라얼지의 중국 최대 특수강 회사

이곳은 행정구역상 치치하얼에 속해 있으면서도 차로 한 시간을 소요한다. 호수 같은 강변을 걷다 보면 비석이 하나 보인다. 중국 모택동毛澤東 시절 초대 총리를 지낸 주은래周恩來가 이곳을 다녀 갔다는 기념비다. 호숫가를 거니는 사람들은 이 기념비 앞에서 잠시 멈추어 한 장의 기념사진도 잊지 않는다.

또 치치하얼 근교에는 이름난 자룡扎龙습지라는 커다란 습지가 있다. 이 습지는 학이 날아와 서식하는 곳으로 이름이 나 있다. 그 래서 치치하얼에 '학의 도시', 즉 '학성鶴城'이란 별칭을 달아 주었 다. 여름에 배를 타고 갈대 우거진 습지를 다니다 보면 학처럼 내 마음도 하늘을 나는 기분이다.

습지는 자연 생태계에 아주 중요한 역할을 한다는 것은 이미 알 려진 사실이다. 1960년대 초반만 하더라도 흑룡강성은 삼림 지대 를 제외하면 모두가 습지였다. 지금 건설되어 있는 도시들이 대부 분 습지로 둘러싸여 있는 습지 위에 건설된 지역들이다. 지금도 수 리시설이 따르지 못해 개발되지 못하고 습지로 남아 있는 곳이 도처에 손재한나.

그런데 이런 습지를 관광 사업으로 만들어 놓은 좋은 사례들이 있다. 그중에서도 중국 최대의 갈대습지라고 말할 수 있는 곳이 자롱습지다. 그리고 동쪽 푸위엔抚远 가까이 있는 흑할자도黑瞎子岛라는 습지 풍경구도 흑룡강성에서는 잘 알려진 곳이다.

10월 말 갈대 우거진 자롱습지를 다시 찾았다. 자롱습지는 끝이 보이지 않는 엄청난 규모의 갈대밭이 눈을 놀라게 한다. 여름에 다녀가면서 배를 타고 푸른 초원 같은 숲을 헤치고 다닌 기억이 엊그제 일처럼 느껴졌다.

바람이 부는 추운 아침이지만 출렁이는 갈대의 물결은 대자연의 율동 그리고 황금초원의 무도회를 보는 듯하다. 하루에 두 번씩 길들여진 학들이 갈대숲을 날아오를 때는 한 폭의 아름다운 그림으로 남는다. 이를 보기 위해서 관광객과 사진작가들은 계절을 가리지 않고 이곳을 찾는다.

자롱호의 물결이 파도처럼 출렁인다. 장마로 인해 수량이 많아

자롱습지의 학

진 탓인지 온 갈대밭의 밑동이 물에 잠겨 들어갈 수가 없다. 하루 종일 노란색의 물결 속에서 지냈어도 지루하지 않았다.

치치하얼 도시 내의 룽사공원은 규모도 크지만 공원 안의 호수가 울창한 숲과 어우러져 있다. 그래서 언제든 산책과 휴식처로 많은 사람들이 붐빈다. 룽사공원을 한눈에 내려다 볼 수 있는 천원각天远阁이라는 정자에 오르면 도심 속 공원의 숲과 호수가 한 폭의 그림으로 다가온다.

노인들은 그늘에서 장기나 카드놀이를 즐기고, 젊은이들은 조깅과 농구, 배구 같은 운동을 하고, 청춘 남녀들은 뱃놀이를 하면서 데이트를 즐긴다. 특히 아침이면 많은 사람들이 나와서 단체 율동과 음악회를 갖기도 한다. 이런 활동이 끝나면 공원의 길거리 식당에서 간단히 식사를 하고 돌아간다. 나 역시 이곳에 있는 동안은 아침저녁으로 이 공원을 산책하곤 했다.

겨울이 오면 사람들이 강변으로 나와 쇠로 만든 커다란 팽이를 돌리기도 하고 연을 날리기도 한다. 물론 때로는 행사처럼 얼음을 깨고 잡아 올린 많은 고기를 놓고 사람들이 몰려와 사가지고 가는 장면도 볼 수 있다.

또 넌쟝의 유속이 빨라 강물이 얼지 않은 지역이 있다. 추운 겨울이지만 60세 정도의 남녀가 이곳에서 수영을 하는 것을 보기도 한다. 체육관에서는 중국과 러시아 청소년들의 친선 아이스하키 시합도 구경한다. 우리나라에서도 접해 보지 못한 경기 관람이었다. 당연히 내가 응원한 중국 팀이 이겼다.

이렇게 넌쟝을 따라 살아가는 이들의 삶을 감시다가 들여다보았다. 그리고 나름대로 나의 기억을 기록했다. 평범한 일상의 이야기이기에 더욱 검소한 시간으로 남은 것 같다.

이제 다시 흑룡강으로 가자.

Part 6

마나오 집산지 쒼커逊克와
공룡의 고향 쟈인嘉荫

오대련지五大连池에서 노흑산老黑山 화산구를 둘러보고 버스를 기다리고 있었다. 여름에도 들렀던 곳이지만 오대련지의 겨울산은 또 나름대로 의미가 있었다. 노흑산 정상에서 바라본 백설의 천지는 그야말로 장관이다. 넓게 탁 트인 주변으로 작은 분화구들이 곳곳에서 드러나 있다. 나무에는 밤새 불어온 차가운 바람에 가지마다 해맑은 얼음꽃을 피웠고 분화구의 검은 화산암과 하얀 눈이 갖가지 흑백의 형상을 대지에 그려내고 있다.

중국 서남쪽 운남에도 텅총騰冲이라는 곳에 화산지열국가지질공원이 있다. 이곳에도 역시 화산 분출로 인한 분화구를 볼 수 있다. 지금도 운남성과 사천성 일대로는 지진대가 있어 가끔 엄청난 재앙을 접하기도 한다.

이런 이야기도 들은 적이 있다. 지도상에 화산 지대였던 서남쪽 운남의 텅총과 동북쪽 흑룡강성의 헤이허黑河를 일직선으로 그어 남부는 경제가 좋은 편이고 북부는 빈곤한 지역으로 구분지어 말하기도 한다. 지금은 중국이 서부대개발이라는 기치를 들고 개발을 하면서 한층 발전된 모습을 보이고 있다.

오대련지의 흑로산 분화구

　눈이 많이 내린 관계로 쒼커로 가는 버스는 언제 떠날지 알 수가 없다. 터미널 주변으로는 아주머니 부대들이 나와 눈을 치우고 있다. 한 달에 천 원 정도를 받고 일을 한다고 한다. 이들에게는 눈 치우는 작업이 겨울의 유일한 돈벌이일지도 모른다. 이처럼 눈이 내리면 도시의 역이나 터미널 광장에는 수시로 눈을 치우는 사람들을 볼 수 있다.

　드디어 쒼커로 가는 버스가 왔다.

　이 버스는 흑룡강성 내륙의 감자 산지로 유명한 너허讷河에서 출발한 버스다. 사람들이 차에 오르자마자 차는 출발했다. 아마도 눈길에 속도를 내지 못하는 대신 서두르는 것 같았다. 시내를 벗어나 어느 정도 달렸을까, 눈길을 오느라 지쳤는지 잠시 휴게소에 멈추었다.

　버스는 지붕이고 창틀이고 하얀 눈으로 덮여 있다. 영하 30도를 오르내리는 추위에 화장실도 가기 싫을 정도다. 차에서 내리는 남자들은 저마다 담배를 하나씩 입에 물고 화장실로 들어간다. 추위를 이기려는 심정으로 이해하면 좋을 듯하다. 매점에서 따끈한 죽과 탕으로 간단히 식사를 했다. 배를 채웠다기보다 배를 데웠다는 표현이 더 어울릴 것만 같다.

달리는 버스는 이정표를 아는지 설원의 평야지를 하염없이 질주하고 있다. 눈발이 날리면 차창의 시야를 가리기도 일쑤다. 가끔씩 나타나는 도로의 가로수가 보이지 않는다면 길이 어디인지도 알 수가 없을 정도다.

몸을 잔뜩 웅크린 채로 성에가 낀 버스의 창문을 수건으로 닦으며 밖을 내다보았다. 가끔씩 일손이 모자랐는지 베지 않아 말라버린 옥수숫대 밭이 드문드문 황량한 모습으로 시야에 들어온다. 차창가로 온 천지가 하얀 들녘에 몇 그루의 나무가 보이면 눈에 덮인 마을도 눈에 띈다.

지난겨울 우송霧淞을 본다고 길림성 우송따오霧淞島라는 섬을 간 적이 있다. 늘어지는 버드나무 가지에 아침이면 피었다가 기온이 오르면 이내 사라지는 허무한 얼음꽃을 보기 위해 먼 길을 가기도 했다. 눈발에 보이는 몇 그루의 나무가 그렇게 보인다.

어린 시절 내 고향 속리산에도 겨울이면 눈이 많이도 내렸다. 개울에서 친구들과 썰매 타기도 즐기고, 눈싸움도 하면서 보낸 시절이 그리움으로 차창가를 스쳐가고 있다.

쒼커를 가는 이유는 이곳이 흑룡강성에서 산출되는 마나오라는 유명한 수석의 집산지이기 때문이다. 내가 수석에 관심이 있는 사람은 아니다. 단지 수석으로 유명한 곳이라는 점에서 한 번 가 보고 싶을 뿐이다. 아마 모허에서 만난 마나오에 관심이 많은 아주머니가 말해 준 곳이기에 더욱 와 보고 싶었는지도 모른다. 그리고 이 쒼커에 국가가 지정한 최대의 곡물 저장소가 있다는 사실도 나

를 이곳으로 오게 했다.

　장시간의 버스 여행은 사람을 지치게 하는가 보다. 내 옆에 앉은 아주머니가 차멀미를 하려고 한다. 급히 비닐을 하나 준비했다. 나는 멀미를 할 적마다 아주머니의 등을 두드려 주었다. 보통의 사람들은 이런 것을 보고 구역질을 느끼곤 하지만 나는 개의치 않았다. 예전에도 이런 경험을 한 적이 있었다.

　추운 겨울이라 창문을 열 수도 없다. 오히려 차를 타고 오면서 승객들이 먹은 계란과 소시지 등등의 냄새가 더 괴로웠다. 여행을 하다 보면 이런 상황은 언제나 있을 수 있는 일이다. 주변의 사람들도 전혀 불평을 드러내지 않는다. 오히려 차 안의 앞에 있는 TV에서 방영되는 만담을 보면서 웃고 있다.

　버스가 도착할 즈음에는 약간의 안개인지 도심에서 내뿜는 연료 연소의 매연 때문인지 시야를 가리고 있었다. 차에서 내리는데 아주머니는 나에게 고마워하는지 미안해하는지 모를 표정을 지으며 걸음을 옮겼다.

터미널 안에는 수많은 노인들이 의자에 앉아 있다. 창문을 통해서 들어오는 옅은 햇살을 받으며 추위를 피하고 있는 것이다. 터미널 대합실을 나오는데 몇 겹의 두툼한 천을 젖히고 나온다. 이곳의 겨울은 늘 그랬다. 겨울이면 어디든 건물을 드나들 때는 외부의 찬 공기를 막기 위해 바람막이를 두세 겹 정도 만들어 놓는다.

밖으로 나오니 도심의 중심가인 사거리가 보인다. 그리고 마나오 시장, 마나오 전문점, 아니 마나오 관람관 등이 거리에 즐비하다. 첫눈에 보아도 마나오 최대 집산지라는 것을 실감할 수 있었다.

찾아 들어간 상점에는 진열된 수석들이 벽마다 가득하다. 수석들은 저마다 자신을 뽐내느라 예쁘게 단장을 하고 있다. 상점을 옮길 때마다 점원이 나타나 한참 설명을 한다. 알아듣는 말에는 한마디씩 대꾸도 하고 알아듣지 못하는 말에는 눈으로 아는 척 웃음을 지어 보이기도 했다.

이곳의 마나오는 크기가 축구공만 할 정도로 크다. 색깔도 늘 보아 왔던 누런 황색의 수석만 있는 것이 아니다. 공룡 알처럼 생긴 회색빛 수석, 바다의 산호초 같은 백색의 수석, 조개껍질 같은 갈색의 수석 등등 갖가지 형상의 마나오 수석들이 상점마다 가득히 진열되어 있다.

우리나라 돈으로 5천만 원에서 1억 원이라는 가격을 듣고는 깜짝 놀라기도 했다. 어떤 수석은 탐이 날 정도로 갖고 싶은 충동을 느끼게도 한다. 우스운 이야기지만 남에게 들키지만 않는다면 무슨 잘못이라도 저지를 수 있는 것이 인간의 심리일지도 모른다. 도둑질을 하고 남을 해하는 사람들은 안 들킬 거라는 생각을 하기 때문에 그런

짓을 하는 것일 테다. 수석을 보는 순간 이런 생각이 스쳐간다.

길을 나오니 양지바른 도로에서도 노인들이 두툼한 옷을 입고 한줄기 비춰 오는 마지막 햇살에 의지하고 있다. 잠시 표를 예매하느라 다시 버스 대합실에 들렀다. 혹시나 내일 돌아가는 차표를 살 수가 없을지도 모른다는 생각이 들어서다. 하루 운행되는 차편이 부족하면 차표를 구할 수 없는 때도 있었다. 줄을 서서 표를 사 가지고 나오는 동안에도 노인들이 추위를 피하기 위해 모든 의자를 다 차지하고 있었다. 겨울이 지나고 봄이 오기까지는 대합실이 노인들의 경로당으로 남아 있을 것이다.

쒼커의 마나오 수석관

길에서는 제설차가 한시도 쉬지 않고 도심의 거리를 스쳐 지나간다. 터미널에서 근무하는 사람들도 터미널 앞의 눈을 치우느라 부산하다. 눈이 내리면 늘 해야 할 당연한 일이다. 나도 한 아주머니의 제설 기구를 들고 눈 치우기에 동참을 했다. 밀대가 바닥에 닿아 지나가는 소리가 요란하다. 신기해 보여서 하거나 호기심으로 하는 일은 재미가 있다. 한 반시간 정도를 했더니 아주 고맙다고 하면서 보온병의 물을 따라 주신다.

광장을 지나 강변으로 향했다. 흑룡강을 여행하면서 처음으로 보는 백설의 풍경이다. 중국의 광장에는 반드시 탑 같은 조형물이 세워져 있다. 어느 도시든 가 보면 말, 독수리, 용, 사자 같은 동물을 세워 두기도 하고 그 지방의 특색을 살리는 알 수 없는 조형물들을 만들어 놓기도 한다. 그리고 겨울이라고 하지만 그 조형물의 주변으로는 추위와 전혀 관계없이 저녁 식사를 마친 중년의 많은 남녀들이 나와 춤과 가벼운 운동을 하고는 돌아간다.

강변에 이르니 강 건너편의 러시아 땅에는 민가도 보이지 않는 황량한 들판만이 백설에 뒤덮여 있을 뿐이다. 멀리 있는 배들은 얼음과 눈에 뒤덮여 잘 보이지 않고 까만 옷을 입은 사람들만이 개미처럼 흑룡강을 걸어 다니고 있다.

꽁꽁 얼어 있는 얼음을 들어내고 고기를 잡는 사람들이 군데군데 보인다. 다가가서 몇 마디를 하고는 자루 안을 들여다보았다. 그들이 고기를 잡기 위해 추위와 싸운 노력의 대가로는 부족해 보였다.

강변으로 길게 늘어선 커다란 원형의 창고들이 보인다. 이것이 바로 곡물 저장 창고이다. 이런 창고는 대부분 운송이 용이한 철도가 지나는 역 부근에 있다. 그런데 기차 노선이 없는 이런 흑룡강변의 작은 현에 이렇게 규모가 큰 곡물 저장 창고가 있다는 것에 놀랐다. 기차를 타고 가다 보면 멀리 작게만 보였던 원형의 창고를 가까이서 보니 어마어마하게 크게 보인다. 겨울인데도 곡물 창고를 드나드는 트럭이 분주하다. 이 곡물 창고의 입구에는 '쒼커국가양식저장고逊克國家糧食储备庫'라고 쓰여 있다.

중국 최대 곡물 저장소

잠시 안을 들어가려고 했더니 사무실에서 한 아주머니가 나와 나를 향해 뭐라고 한다. 나는 잠시 구경을 하고 싶다고 했더니 신분증을 요구한다. 여행자라고 하면서 한국인이라고 했더니 더더욱 들어가지 못하게 한다. 때로는 규정을 잘 알지 못하는 사람들이 규제를 더 강하게 한다. 이유는 혹시나 모를 상사로부터 들을 훈계를 피하기 위해서다. 한 중년의 남자가 나오더니 잠시 구경을 허락해 주었다.

길게 늘어선 저장 창고를 따라 걸으면서 주위를 둘러보았다. 주로 옥수수와 콩을 저장해 둔 창고다. 겨울이라 특별히 참관할 내용은 없었다. 이곳 곡물 저장소는 흑룡강성이 아닌 중앙 정부가 관리를 한다고 한다. 곡물을 실은 트럭은 어디론가 바쁘게 떠나고 있다.

시내로 들어와 눈으로 덮인 겨울거리를 걸었다. 허기진 배를 채우기 위해 식당으로 들어갔다. 날씨가 추우니 배도 움츠러든 기분이다. 따끈한 국물이 있는 '꿔치아오미씨엔过桥米线'이란 음식을 주문했다. 이 음식은 운남의 쌀국수라는 것인데 운남을 여행할 때 즐겨 먹었다. 쌀국수라 쌀을 주식으로 하는 나에게는 전혀 부담이 없다. 국물 맛도 매콤하여 매운 것을 좋아하는 나는 더없이 만족한다. 또 하나 좋아하는 음식이 있다면 '마라탕麻辣烫'이란 음식이다. 이것 역시 쌀을 주원료로 하고 매운맛이어서 즐겨 먹는다.

하지만 누군가는 한 그릇의 음식으로 족한 꿔치아오미씨엔이나 마라탕이 방부제가 첨가된 각종 조미료가 듬뿍 들어가 안 좋다고 한다. 특히 중국인들이 즐겨 먹는 인스턴트 라면은 방부제가 많이 들어 있다고 절대 먹지 말라고 한다.

혼자 식사를 하는 데는 이런 불편함도 있다. 중국 음식은 다른 반찬을 하나라도 주문하면 양이 너무 많다. 그래서 먹고 난 뒤에 버리는 음식이 늘 아깝다는 생각이 들곤 한다.

여행을 하다 보면 어떤 사람은 먹거리에 무척 많은 시간을 할애한다. 또 어떤 이는 명승고적이나 풍경구에 관심이 많은가 하면 사람들을 만나 이야기하는 것을 좋아하는 사람도 있다. 나는 후자에 속하는 것 같다.

식당 아주머니가 음식을 만들면서 기침을 하고 있었다. 물으니 감기로 며칠 아파하고 있다고 한다. 나는 아주머니에게 감기약을 주고 싶어 물었다. 아주머니는 사양을 하면서 고맙다고 한다. 아마도 나를 의심하는 것 같았다. 사실 약이라는 것은 함부로 남에게 줄 물건은 아니다. 내가 오늘 이곳 숙소에서 묵고 있다고 숙소 명함까지 보여 주었지만 그래도 사양을 한다.

의심 많은 중국인이라는 옛 속설을 확인하는 기분이다. 하지만 아주머니는 나의 행동이 고마웠는지 식사를 마친 나에게 귤을 몇

새 진내 구있다. 따뜻한 밀국수 등과 흰 긴의 고량주를 더하니 배가 포만감에 추위를 잊었다.

식당을 나와 여기까지 온 나를 스스로 이상하게 여기면서 다시 수석 가게를 기웃거렸다. 상점에는 마나오로 만든 목걸이, 팔찌, 반지, 불상, 용의 조각품 등 각종 액세서리들이 진열되어 있다. 여행 기념으로 사려는 욕심에서 자그마한 목걸이의 가격을 물어보았다. 가격을 들은 나는 바로 입을 다물고 말았다. 가격도 터무니없을 정도로 비싸지만 액세서리 보석은 가짜가 많다는 의심으로 가득 찬 나인지도 모른다. 쒸커는 눈으로나마 즐거움을 만끽한 마나오 수석의 여행이었다. 그리고 처음으로 겨울에 만난 흑룡강의 풍경을 감상했다.

숙소에서 침낭을 꺼내어 이불 속에 넣었다. 추위에 떨지 않으려고 핫팩을 세 개나 개봉하여 침낭 안에 넣었다. 그런대로 온기를 유지하니 배부르고 따뜻한 것이 행복하다는 말의 의미를 새삼 실감하고 있다.

아침 일찍 옷을 두툼하게 입고 강변으로 향했다. 글씨가 잘 보이지 않을 정도로 반사되어 오는 햇살을 뒤로하고 무작정 걸었다. 움츠리고 있는 시간보다 이렇게 걷는 것이 건강에도 좋다. 눈으로 덮인 백설의 대지가 햇살에 반짝거린다. 본래 대지라는 표현이 틀린다 할지라도 얼어 버린 강물은 적어도 겨울 동안은 대지와 다름이 없다. 이 얼어 버린 강물 위로 각종 짐을 운반하는 차들이 두려움 없이 다니고 있다. 흑룡강성이 백설의 평원으로 겨울을 맞을 때는 유명한 풍경구마다 관광객으로 붐빈다.

1년 전 내몽고 잘란툰의 금룡산스키장金龙山滑雪场에서 어설픈 솜씨로 스키를 즐긴 기억도 새롭다. 이들은 삼림에서는 스키로, 얼어 버린 강에서는 눈썰매로 추운 겨울을 즐긴다. 하지만 이곳은 길을 걸어가는 동안 사람의 그림자도 보이지 않았다. 러시아와 국경을 경계로 하는 이 강변에서 나는 국경을 지키는 초병 같다는 생각이 들었다. 게다가 하얀 눈길 위를 걷고 있으니 설국의 주인이 되는 기분을 맛본다.

쒼커의 겨울 흑룡강변

강변의 나란히 지어진 집들의 굴뚝에서는 하얀 연기가 피어올랐다. 좁은 골목 사이로는 집집마다 장작더미를 벽에 쌓아두고 있다. 모두가 아침밥을 준비하는 시간이다. 동화 속의 설경은 아닐지라도 정겨운 농촌의 모습은 어린 시절에 느꼈던 감정과 다를 바 없는 느낌을 불러일으켰다.

추위를 피할 겸 한 할머니가 들어가는 집으로 따라 들어갔다. 추워서 몸을 좀 녹이고 싶다고 했더니 들어오라고 하신다. 좁은 마당까지도 겨울나기를 위한 장작더미로 가득하다. 안으로 들어가니 부실서아세 놓여 있는 주방 도구와 이궁이에 불 올 기필 야간이 장작더미가 살림의 전부인 것처럼 보인다. 세수한 비눗물을 담아 두어 빨래를 하고 변기에 버린다. 창문은 유리 대신 비닐로 막혀 있고 벽 구석마다 텃밭에서 사용했던 자루뭉치가 쌓여 있다. 그래도 할머니는 내게 보온병의 따끈한 물과 만두를 주시면서 앉으라고 의자를 내주신다. 어두컴컴한 방에 10살 정도의 꼬마 아이가 이불 속에서 얼굴만 내민 채 일어날 줄 모른다.

나무로 불을 지피는 이곳에서는 연기의 그을림으로 인하여 벽마다 모두 검게 변해 있었다. 아이의 부모님은 하얼빈에 가서 일을 하신다고 한다. 가을걷이가 끝난 농촌의 생활은 이렇다. 나의 말을 알아듣지 못하는 할머니에게 꼬마아이가 통역을 하듯 대신 말을 해 준다. 아이가 말해 주는 할머니의 연세는 85세다. 아직도 나의 언어가 저 어린 아이를 따르지 못하는 것 같다. 외국어가 어렵다는 생각이 다시금 스쳐간다.

1996년 1월 처음으로 중국 겨울 여행을 하면서 있었던 언어에 관한 에피소드를 잠시 이야기하고 싶다. 1990년쯤으로 기억된다. 우연히 TV를 틀다가 교육방송에서 중국어 교육 프로그램을 보았다. 아주 초보인 '니하오'라는 인사말부터 나오고 있었다. 아마 중국과 앞으로 있을 개방을 앞두고 방영되는 것 같았다. 나는 중국어 방송에 호기심과 흥미를 갖고 보았다. 조금 더 노력을 한다고 화교의 자장면炸醬面 집을 자주 드나들었다. 중국어는 발음이 중요하다고 하여 화교의 마 선생이라는 분을 찾아가 발음에도 더욱 관심을 갖고 공부했다.

나름대로는 공부 좀 했다고 1996년에 처음으로 찾아간 중국이다. 첫 번째로는 물건의 값이 일 원인데도 이 원을 지불하며 다닌 적도 있었다. 일 원을 중국어로 '이콰이'라고 한다. 그래서 '이'라는 말만 듣고 이 원을 준 적이 한두 번이 아니다.

두 번째로 이런 일도 있었다. 타인에게 잘못하거나 폐를 끼치면 '뛰이뿌치' 하고 미안하다는 표현을 한다. 그런데 당황하여 '쎄세' 하면서 고맙다는 표현을 하여 주위의 분위기를 어색하게 만들기도 했다.

여행을 거듭하면서는 육 원짜리 물건을 사면서 십 원을 주었더니 다시 일 원을 더 달라고 하여 또 이해를 못하고 머뭇거린 적도 있다. 일 원을 주면 일 원짜리 잔돈이 없으니 오 원을 주겠다는 의미다. 어디든 물건을 사다 보면 이런 상황은 흔히 있을 수 있는 일인데도 언어의 낯섦에서 오는 불편함이다.

중국 숙소를 가면 방값이 백 원이면 이백 원을 달라고 하여 또 당황하기도 한다. 방값 외에 백 원은 보증금으로 퇴실할 때는 반드시 거슬러 준다. 그것도 모르고 방금 전에는 백 원이라고 해 놓고 왜 이백 원을 요구하느냐고 따지기도 했다. 이렇게 여행을 하면서 조금씩 그들의 문화를 배워 가는 재미도 있다.

또 한번은 이런 일도 있었다. 풍경구 입장표로 '통표'라는 것이 있다. 이 표만 사면 풍경구 안의 여러 군데를 다 볼 수 있는 것이다. 그런데 '통표'의 의미를 몰라 표를 사고도 다른 곳에 가서 다시 표를 사면서 다닌 적도 있다.

이렇게 바보 같은 행동을 하면서 다니는 것이 여행이다. 이런 문화와 여행 요령을 다 알고 다니면 아마 재미가 더 없을지도 모른다. 조금은 서툰 모습과 어눌함 속에서 재미있는 여행의 이야기는 시작된다. 이밖에도 다른 잘못이나 착오 오류를 범하며 다녔던 일들은 또 얼마니 많았겠는가.

내가 언어를 잘한다고 해서 의사소통이 잘된다고 생각하면 안된다. 왜냐하면 그만큼 상대는 더욱 어려운 언어를 구사하여 이야기를 하기 때문이다. 서툴러야 친절하고 자세히 천천히 말해 준다. 그래서 역설적이지만 아직도 저 어린아이보다 언어 실력이 부족한 것을 고맙게 생각하고 있다.

벽에 기대고 있으니 등으로 흐르는 온기가 따뜻하다. 인간은 삶의 주거 형태를 늘 자연과 조화로운 상태를 유지하려고 노력해 왔다. 바람이 강하게 불어오는 지역은 지붕을 낮추었듯이 이곳의 가옥은 '훠챵火墙'이라고 하는 벽난로를 만들어 두었다. 겨울이 오면 음식을 만들면서 지핀 불기운이 벽을 타고 흐른다. 이로 인하여 방 안이 매우 따뜻하다.

삼림 속에서 사는 사람들은 나무를 이용하여 집을 짓고 난로를 두어 내부의 온기를 유지했다. 또 인간은 주거할 수 있는 장소를 늘 물과 가까이했다. 그래서 대부분 강이나 하천을 따라 마을이 형성된다. 물은 식수원뿐만 아니라 농사를 짓고 가축을 기르는 데 있어 아주 중요한 자원일 수밖에 없다. 흑룡강을 따라 형성된 마을들은 당연히 물을 필요로 하는 생업에 종사하고 있다. 그래서 후마현의 어느 시장은 어시장을 보는 듯 수산물이 가득했던 기억이 있다.

흑룡강의 일 년의 반은 얼어붙는 강으로 얼음의 두께는 1m도 넘는다. 쒼커도 얼어 버린 강물이 녹을 4월의 봄을 기다리고 있다. 할머니의 손을 잡고 늘 건강하시라는 말을 남기면서 돌아설 때까지 할머니의 얼굴을 바라보고 있었다. 할머니의 얼굴 모습이 행복

흑룡강변 농촌의 겨울나기

하고 온화하게 다가왔다.

　어찌 보면 행복은 비교에서 오는지도 모른다. 한번은 어느 강의에서 들은 적이 있다. 어느 부부가 주변의 가정들보다 부유하지 못하다고 늘 불평을 하며 지냈다고 한다. 그런데 조금 부유하지 못한 곳으로 이사를 하여 주변의 가정들보다 더 부유하다고 느끼면서부터 불평하는 마음이 사라졌다고 한다.

　아마 오늘 만난 할머니도 분명 무엇과 비교하면서 만족함을 얻었을지도 모른다. 자족이 마음의 평화를 가져온다는 것을 할머니에게서 배우고 있다.

　이제 공룡의 고향 쟈인嘉蔭으로 간다.

　쟈인도 역시 작은 현으로 쎤커와 마찬가지로 흑룡강 중류에 위치한 변방의 도시다. 이춘伊春에서 동북쪽으로 버스를 타고 우잉五营과 탕왕허湯旺河를 지나면서 다섯 시간 정도를 달리면 쟈인에 이른다. 교통이나 통신이 불편했던 시절에는 이곳을 한 번 다녀간다는 것도 여간 번거롭지 않았을 것만 같다. 지금은 통신의 발달로 외진 어느 곳에 살더라도 정보를 얻는 데는 전혀 불편함이 없다.

특히 여행을 하면서 중국인과 만나고 헤어질 때는 서로의 연락처를 알아 둔다. 요즈음에는 누구나 신분증처럼 핸드폰이라는 전화기를 다 가지고 다닌다. 우리나라에 '카카오톡'이 있다면 중국에는 '위챗(WeChat)'이라는 것이 있다. 위챗을 이용해 보면 카카오톡보다 더 기능이 좋다는 생각이 든다.

이 시대에 핸드폰의 기능은 전화기 기능뿐만 아니라 인간의 삶의 모든 것을 대신하는 기능을 가진다. 전화 기능 외에 인터넷을 통한 정보 수집, 상품 구매, 길을 안내하는 내비게이션 등 그 기능을 이루 다 말할 수 없을 정도다.

초등학교 시절 학교 교무실에서 전화기를 처음 보았다. 선생님들도 신기하셨는지 교무실에만 가면 전화기를 들고 계셨다. 그리고는 나에게 형님과 말을 하게 해 주겠다고 하면서 우리 집으로 전화를 걸어 주기도 하셨다.

아마 이것이 내가 처음 접한 신기한 기계의 하나라고 생각이 된다. 검정색 전화기인데 손잡이를 돌려 교환원을 부른 다음 교환원이 연결을 시켜 주는 방식이다. 전화기로 형님의 목소리를 듣고는 무척 신기하게 생각한 시절이 있었다.

오죽하면 중학교 시험에 전화기 색깔을 묻는 문제가 있기도 했다. 나보다 더 촌에서 초등학교를 다닌 친구들 중에는 문제의 답을 맞히지 못한 친구도 있었다. 참으로 우습기도 하지만 그리운 옛 기억이다.

공룡의 고향으로 알려진 쟈인은 이곳 사람들에게 아주 큰 자랑거리다. 그리고 북쪽으로 마오란꺼우茅兰洵라는 풍경구가 있어 짧은 여름을 두고 여행자들이 끊이질 않는다.

이춘을 떠나면서 삼림의 숲 사이로 난 잘 포장된 길을 버스는 쉬지 않고 달렸다. 중국을 여행하다 보면 달리던 버스도 길옆에 손님이 손을 들고 있으면 항상 차를 세우는 것을 볼 수 있다. 하지만 오늘은 버스에 좌석이 남았는데도 정시에 출발을 하고 쉬지도 않는다. 달리는 버스의 차창가로 스크린처럼 보이는 삼림의 풍경에 취해 전혀 지루하지 않았다.

오후 4시쯤 쟈인에 도착했다.

터미널에 내리니 오후의 불어오는 강바람의 열기가 대단했다. 숙소를 정하자마자 강변으로 향했다. 현급의 도시가 있는 폭넓은 강변에는 언제나 유람선뿐만 아니라 순시선으로 보이는 배들이 오간다.

강변에 노을이 지면서 옅은 구름도 붉게 물들어 가고 있다. 더위를 피하러 강변을 거니는 사람들이 하나둘 늘어나고 있다. 저녁 식사를 마치고 산책을 하러 오는 사람들이다. 손님을 가득 태운 유람선 하나가 강변으로 들어오고 있다. 아마도 마지막 배인 것 같았다.

강변의 광장에서는 붉은색의 옷을 입은 중년의 여인들이 음악에 맞추어 춤과 운동을 즐기고 있다. 이렇게 즐기고 있는 곳에서 나도 한자리를 잡았다. 그들은 전혀 개의치 않았다. 어설프지만 그들의 동작을 따라 하면서 함께 즐기기도 한다. 내가 말하지 않는 한 나를 이방인으로 보지는 않는다. 그저 이곳에 사는 어느 중년의 낯선 남자일 뿐이다.

또 한편에서는 음악에 맞추어 줄넘기 묘기를 부리는 젊은 청춘의 남녀들이 있다. 여럿이 경쾌하게 묘기를 뽐낼 저마다 많은 사람들이 박수와 감탄을 아끼지 않았다.

광장은 한동안 춤과 음악과 운동으로 북적거렸다. 저녁 9시를 넘기니 모두들 광장을 떠나기 시작했다. 10시도 안 되어 변방의 도시답게 길거리는 한산하기만 하다. 길을 걸으면서 잠시나마 더위를 식힌 후 숙소로 돌아와 잠자리에 들었다.

처음 여행을 계획하였을 때는 이런 곳이 있는 줄도 몰랐다. 흑룡강성은 모든 곳이 평원으로 이루어진 곡창 지대라고만 알고 있었다. 하지만 이곳을 다니는 동안 여러 곳의 삼림과 습지 그리고 화산지대를 보았다. 그런데 내일은 공룡의 고향이라고 하는 이곳의 박물관과 마오란꺼우라는 협곡을 가 볼 계획이다. 설레는 마음이 잠도 설치게 만들고 있었다.

아침에 일찍 잠자리에서 일어났다.

간단히 주변을 정리하고 공룡국가지질공원으로 향했다. 주변을 정리한다는 것은 혼자 여행할 때 잊지 말아야 할 것들을 한다는 뜻이다.

우선 숙소의 숙박비에서 보증금으로 낸 요금을 돌려받아야 한다. 중국 섬서성의 모택동 혁명 유적지인 옌안延安시에서 하루를 묵고 난 뒤에 퇴실하면서 받은 백 원짜리 지폐가 위조지폐였다. 지금도 이 지폐를 가지고 있는데 이제는 만져만 봐도 가짜라는 것을 느낄 수 있을 정도로 두껍다는 것을 알 수 있다. 아침이지만 불이 꺼진 어두운 프런트에서 무심히 돌려받는 백 원짜리 지폐는 한 번쯤 확인할 필요가 있다.

그리고 지고 다니는 배낭의 무거운 나의 짐을 숙소에 맡겨 두어

자인 공룡 박물관

야 할 때도 있다. 다음으로 어떻게 볼거리를 둘러보아야 하는지 숙
소의 주인에게 물어보면 좋다. 대개 자세하게 가르쳐 준다.

　이제 볼거리를 향하여 숙소를 떠난다. 주인이 소개해 준 봉고차
가 벌써 숙소 앞에 와 있다. 공룡국가지질공원은 쟈인이 자랑하는
국가급 명소이다. 입구에 들어서자마자 주변이 온통 공룡의 조형
물로 덧칠되어 있다. 길가뿐 아니라 정원의 숲속 어디든 공룡의 천
하다. 여름휴가를 맞아 교육상 아이들을 데리고 온 부모들이 많았
다. 이들은 아침부터 공룡으로 둘러싸인 잔디밭에 앉아 간식을 즐
기고 있다.

　어둡게 조명해 놓은 공룡박물관恐龙博物馆으로 들어갔다. 우리는
인류 역사의 기원을 이야기할 때면 늘 공룡의 시대를 빼놓지 않는
다. 그 거대한 몸집의 공룡이 세상을 지배했던 시기와 소멸한 시기
를 학습해 왔다. 실제로 보지는 못했으나 발굴되는 뼈의 골격을
맞추어 본 생물학자들은 공룡을 지금처럼 그려내고 있다. 도마뱀

수천 배 크기의 몸집을 가진 동물이나.

공룡관에는 '46억 년의 역사를 자랑하는 지구에 생명은 4억 년의 역사를 가지고 있다. 생명의 탄생은 우주계의 지구 변화의 일부분이다. 생명체가 사라진다면 지구는 금성이나 화성과 다를 바 없다. 지구 역시 생물들이 수차례의 큰 재난을 겪어왔다. 이로 인해서 강인함인지 행운인지 생명체는 다시 소생하고 유지할 수 있게 되었다'고 기술하고 있다.

2004년에 백악기白堊期 시대의 공룡 뼈와 치아, 알 등 화석들이 발굴되었다고 한다. 고등학교 지리 시간에 들었던 쥐라기, 백악기라는 용어에 대하여 지금도 그 의미를 알지 못한다. 몇만 년 전의 생명체가 살아간 시대를 이야기하는 것이 무척 허망하다는 생각이 들었다. 오로지 그때는 그렇게 알고 공부를 해야만 되는 건 줄로 알았다. 지금 와서 생각하면 생명체의 소멸과 진화가 수없이 반복되어 왔다는 것을 짐작할 수 있다. 그 속에서 자연에 적응하면서 살아온 인간의 강한 힘에 놀라울 뿐이다.

공룡이 살았다는 몇만 년 전의 이야기나 공룡의 종류가 일반인인 우리에게 뭐 그리 이야깃거리가 되는지 모르겠다. 단지 몸집이 큰 공룡이든 아주 미물에 지나지 않는 작은 곤충이든 지구상에서 영원히 사라진다는 것은 슬픈 현상이다. 더 많은 연구는 고고학자 생물학자들의 몫으로 남겨 두고 박물관 내부의 이곳저곳을 기웃거렸다. 운남을 여행하면서 위엔모元謀라는 곳을 간 적이 있었다. 이곳에서도 공룡의 화석이 발굴되었다고 한다. 우리나라에서도 공룡이 살았다는 기록을 보면 오랜 그 옛날에는 공룡이 지구에서 최고의 강자로 자리매김을 하고 있지 않았나 하는 생각을 해 본다.

가끔 숲길을 걸으면서 이런 생각을 해 본다. 과학의 문명이 언제까지 자연과 공존할 수 있을까? 과학의 발전으로 인하여 지구를 위협하는 환경 파괴의 요인들이 수도 없이 늘어났다. 언제부터인가 지구의 재앙을 이야기하는 뉴스는 전달 매체를 통해서 일상의 일처럼 들려온다. 지구 온난화, 초미세먼지, 지진으로 인한 쓰나미 현상, 쓰레기로 인한 해양의 참사, 심지어는 전자파로 인한 벌들의 죽음으로 오는 공포 등등 주변의 모든 상황들이 두렵게 다가온다.

말로는 자연 앞에 겸손하라고 부르짖지만 인간은 끊임없이 자연에 도전한다. 언젠가는 눈앞의 삶의 편리함을 추구하다가 끝내 스스로를 옥죄는 문명의 해악에 직면할 것이다.

'신이 인간에게 준 가장 큰 선물이 노동이고 가장 큰 실수는 절제하지 못하는 욕심이다'라는 말을 들은 적이 있다. 무인 자동차가 생겨나고 로봇이 사람처럼 거리를 활보한다면 아이러니하게도 인간은 편리해서 죽는 시대가 도래할지도 모른다. 한마디로 문명의 이기는 어린아이를 유혹하는 달콤한 사탕과 다르지 않다.

성하면 쇠한다는 말이 진리라면 이제 우리 인간이 소멸 대상의 제일 앞에 있을지도 모른다는 생각도 해 본다. 쥐라기 시대의 공룡이 지구의 엄청난 재앙으로 소멸된 전철을 우리 인간은 교훈으로 삼아야 할 것이다. 하나밖에 없는 지구를 너무 홀대해서는 안 되겠다. 공룡관을 둘러보면서 잠시나마 생물의 생존과 소멸이라는 자연 법칙에 눈을 돌려보았다.

관람을 마치고 마오란꺼우茅兰沟로 향했다. 강물도 들녘도 흰 구름 떠가는 하늘도 그리고 내 마음도 모두가 푸르다. 길을 가는 내

내 푸르름의 향연은 스그린 속의 영상치림 계속 이어지고 있다. 차창으로 들어오는 강바람이 한없는 상쾌함으로 다가온다. 차에서 흘러나오는 의미 모를 노래에 취해 음률 따라 흥얼거려 보기도 한다. 운전수가 나를 보며 웃고 있다.

운전수에게 잠시 차를 멈추어 달라고 했다. 말은 소변을 보기 위해서라고 했지만 저 멀리서 불어오는 강바람에 취하고 싶은 핑계였다. 차에서 내리니 정오도 되기 전 날씨가 서서히 더워지기 시작한다. 강변을 따라 이름 모를 크고 작은 물새들이 풀숲에서 숨바꼭질을 하고 있다. 강변에 자리 잡은 한 무더기의 촌락도 정겹게 다가왔다.

자인의 마오란꺼우

색안경을 쓴 운전수가 빨리 떠나자고 재촉을 한다. 강변을 따라 한 시간 정도를 달려 마오란꺼우에 도착했다. 벌써 자가용을 가지고 온 여행자들로 인하여 주차장은 혼잡하기 그지없다. 마오란꺼우茅兰沟의 '沟'라고 하는 말은 협곡이나 골짜기를 의미하는 말로 삼림과 평원으로 이루어진 흑룡강성에는 거의 볼 수 없는 풍경구다.

사실 흑룡강성은 여행 지도에 보면 오대련지라는 풍경구 하나만 분명하게 표시되어 있을 정도다. 그래서 여행자들이 중국의 유명한 지역을 다니다 보면 이 흑룡강성으로의 여행은 거의 하지 않는다. 하지만 이런 풍경구라도 이들에게는 천렵이나 피서를 즐기기에는 아주 좋은 곳이다.

나 역시 협곡에서 속옷만 입은 채 물속에 몸을 담그고 오후의 더위를 피하고 있었다. 사람들이 지나가며 나를 보고 웃는다. 나이에 걸맞지 않은 행동이었을까? 쑥스럽다는 생각은 잠시뿐 더위를 피하고 싶다는 생각이 더 절실하게 다가왔다.

이곳은 정기적으로 운행되는 시외버스가 보이지 않는다. 나도 숙소에서 소개해 준 봉고차를 대절하여 왔다. 대부분 자가용을 가지고 가족 단위로 온 사람들이 많았다. 그들은 숲속에서 시끄럽게

자인의 흑룡강변 마을

울어대는 매미소리를 들으며 가지고 온 수박, 과일 그리고 꾸중 머을거리를 즐기며 하루를 이곳에서 보낸다.

협곡의 길을 걸어 흑룡담이라는 곳에 이르렀다. 작은 폭포지만 이곳에서는 다른 곳에서 찾아보기 어려울 정도로 귀한 폭포다.

젊은 청춘의 연인들은 물장구를 치면서 더위를 식히고 노인들은 그늘에서도 부채질을 멈추지 않는다. 이곳이 풍경구의 가장 큰 볼거리일 거라는 짐작을 할 수 있었다. 한동안 폭포 아래에서 물놀이를 하는 젊은이들을 보면서 오후를 맞이하고 있었다.

마오란꺼우를 나와 흑룡강변을 달리던 차가 잠시 멈추었다. 강을 바라보니 모허의 흑룡강에서 굽이치던 '농장제일만'처럼 이곳에서 또 한 번 흑룡은 몸을 꿈틀거렸다. 지평선을 타고 송이송이 피어오르는 흰 구름과 함께 한 폭의 그림처럼 어울렸다. 오늘따라 흑룡강이 유달리 아름다운 모습으로 느껴지고 있다. 빨간색과 파란색의 지붕을 하고 있는 일정한 형태의 가옥들도 물감을 들인 듯 강변에 늘어서 있다. 마을의 풍경도 아늑하고 평화롭게 다가온다.

쟈인으로 돌아오니 한 여름의 열기가 사람들을 모두 강변으로 내몰았다. 소들도 갈증을 느끼는지 강가를 거닐고 있다. 사람들이 강 깊숙이 들어가도 수심은 무릎까지도 오르지 않았다. 어른들은 강물 한가운데에 탁자와 의자를 놓고 과일과 술을 즐기고 있다. 아이들도 멀리까지 들어가 물놀이를 하며 즐거워한다. 나는 달걀 크기 정도의 조약돌들이 깔린 강변의 물길을 맨발로 걷고 있었다. 쟈인 근교 하류의 흑룡강은 여행한 곳 중 강폭이 가장 넓다는 생각이 들었다.

양떼들도 역시 이곳을 지나가고 있어 따라갔다. 양의 주인과 함께 마을길로 접어들었다. 양의 주인은 여행자인 나를 촌장의 집으로 안내했다. 마침 멀리서 친척이 온다고 아주머니 아저씨들이 음식을 준비하고 있었다. 강가에서 잡아온 물고기와 채소밭에서 뜯어온 각종 야채들이 푸짐하다. 방금 삶은 옥수수를 먹으라고 내게 권한다.

한국인이라는 말을 들은 이들은 멀리서 온 손님이라며 친절하게 대해 주었다. TV를 통해서 한국인의 문화와 생활을 잘 이해하고 있다고도 말한다.

집 앞의 텃밭을 지나니 우리에서는 돼지가 꿀꿀거리고 한 마리의 소도 나를 반기듯 고개를 아래위로 흔든다. 골목길로는 오리 무리가 도망치듯 지나가고 뒤이어 거위도 지나간다. 전형적인 농촌 마을이다. 하늘에 커다란 하나의 뭉게구름이 석양빛에 붉게 물들어간다.

자인에서 만난 친구들과 저녁식사

아저씨가 오더니 오늘 저녁을 함께 하자고 청한다. 어느새 내가 구걸해야 할 처지라는 것을 잊어버렸다. 멀리서 몇 명의 친척이 왔다. 집 안은 더우 왁자지껄하다 잠깐의 법석으로 푸짐한 음식이 먹음직스럽게 식탁에 올려졌다. 맥주와 고량주도 빠지지 않았다. 오랜만에 많은 사람들과 어울렸다.

창문으로 보이는 붉게 물든 뭉게구름도 어둠 속에 잠기기 시작했다. 음식을 먹으며 술잔을 권한다. 식사를 하면서 남녀 가리지 않고 나에게 한 잔씩을 따라 주었다. 서로 몇 잔이 오가니 음식 맛에 취하고 술에 취한다. 이들은 외국인인 나와 함께 보내는 시간이 매우 인연이라고 좋아했다. 나도 그에 답하여 이곳을 여행하면 반드시 꼭 들르겠다고 말했다.

이런 즐거운 시간은 멈추어 주었으면 좋겠다. 그리고 이들과의 이별도 없었으면 좋겠다는 생각을 해 본다.

한 분 한 분 악수를 하기도 하고 서로 포옹을 하기도 했다. 헤어짐의 시간이 무척 길었다. 그리고 시내로 나오는 그들을 따라 숙소로 돌아왔다.

다음 날 쟈인을 떠났다.

나는 겨울과 여름 쒼커와 쟈인의 흑룡강변을 둘러보았다. 마나오의 산지 쒼커에서의 겨울나기와 공룡이 살았던 원시의 땅을 지나고, 마오란꺼우의 계곡에서 잠시나마 더위도 피하고, 쟈인에서 만난 친절한 사람들의 후한 대접도 아름다운 기억으로 남았다. 쟈인을 떠나면서도 이들과 함께한 추억을 잊을 수가 없을 것만 같았다. 언젠가 꼭 다시 오겠다는 약속이 거짓말이 아니기를 스스로 다짐해 본다. 이제는 삼림의 숲속을 자랑하는 이춘伊春으로의 여행을 기대한다.

Part 7

삼림의 보고 이춘伊春

나는 이춘을 여러 번 다녀왔다. 흑룡강성을 여행하다 보면 자연스레 이곳을 들르곤 한다. 샤오씽안링小兴安岭의 중턱에 자리 잡은 이춘의 삼림은 어디를 가도 매력이 있다. 짙푸르고 싱그러운 여름의 숲속을 헤집기도 하고, 가을 낙엽송에서 떨어지는 금빛 바늘에 취하기도 한다. 겨울에는 이곳에서만 자란다는 홍송紅松에 기대며 설림 속을 미끄러지듯 뒹굴어 보기도 한다. 이처럼 자연의 귀하고 소중함을 한없이 느끼기도 한 곳이 이춘이다.

이곳은 탕왕허湯旺河에서 흐르는 탕왕허가 숲속을 숨바꼭질하듯 흘러가며 이춘 주변에 위치한 산수의 수려함을 자아낸다. 이곳도 역시 탕왕허라는 지명과 하河의 이름이 동시에 존재한다. 샤오씽안링의 이름 모를 실개천들이 숲속을 흐르면서 이룬 탕왕허는 탕위엔湯原이라는 곳에서 동쪽의 쨔무쓰로 흘러드는 송화강을 만나면서 그 이름을 다한다.

1월 초순 겨울에 찾아간 탕왕허는 무척 추웠다.

이춘에서 버스를 탔다. 겨울 여행은 버스를 이용하면 노면이 미끄러워 매우 위험하다. 이곳으로의 열차가 없기 때문에 오직 버스를 이용할 수밖에 없다. 도로변에 눈을 이고 있는 나뭇가지들이 무척 힘들어 보인다.

가끔씩 손님이 내리거나 오를 때는 매서운 찬바람이 버스 안으로 들어온다. 지난해 여름 쟈인嘉蔭을 갈 때는 쉬지 않고 달리던 버스가 손님만 있으면 태우고 있다. 그럴 때마다 더욱 몸을 웅크리고 옷깃을 다시 한 번 매만지곤 했다. 아침에 끓인 물을 담은 보온병을 몸 안에 밀어 넣었다. 핫팩을 챙기지 않은 것이 무척 후회스러웠다.

이곳의 겨울은 영하 30도를 유지하는 것이 보통이다. 한 달 전에는 내몽고 후룬베이얼 북부의 겨울 여행을 했다. 이때 건허根河에서 기차를 타고 작은 마을인 렁지춘冷極村을 갔었다. 이 마을에 크리스마스 축제를 보러 갔을 때는 영하 45도였다. 이에 비하면 덜 춥다지만 의자에 앉아 있으니 몸이 더욱 움츠러드는 기분이다.

탕왕허에서 조금만 더 가면 흑룡강을 만난다. 특히 지난여름 나에게 아름다운 시간을 만들어 준 쟈인에서의 친구들이 있다. 보고 싶지만 마음을 접은 이유가 있다. 그들은 겨울이면 돈을 벌기 위해 도시로 떠난다고 했다.

탕왕허를 가는 이유는 이곳에 삼림 속의 석림공원이라 불리는 풍경구가 있기 때문이다. 눈 덮인 숲속의 석림을 보는 것도 의미가 있다는 주위의 말을 듣고 이춘에서 출발한 것이다. 겨울이라 일찍 해가 진 어둠이 드리운 탕왕허에 도착을 했다. 탕왕허는 행정구역상 이춘시 탕왕허구湯旺河区라는 지역으로 현급에 속하지만 그리 큰 도시는 아니다.

중국의 행정구역은 성省, 시市, 현县, 진镇, 향乡, 둔屯 등으로 구분할 수 있다. 중국은 국토가 넓고 인구가 많아 행정구역의 규모를 우리나라에 비유하여 한 단계씩 높게 생각하면 틀리지 않는다.

예를 들어 인구로 보면 성省의 중심이 되는 시市가 우리나라 광역시에 해당하고 현縣이 우리나라 시에 해당될 정도다. 이렇게 보면 중국의 성省은 우리나라의 도道에 해당되지만 면적을 고려하면 우리나라 한반도에 버금가며 이보다 더 큰 성省을 가지기도 한다.

특별히 성省과 구별되는 구區로 중국에는 성에 해당되는 5개 자치구가 있다. 그리고 우리나라 시 정도에 해당되며 특별한 도시 외곽에 위치한 위성도시의 기능을 하는 구區로 지정된 도시도 있다. 탕왕허가 행정구역상 바로 이런 규모에 해당된다.

끝으로 진鎭, 향乡, 둔屯은 우리나라 읍과 면에 해당된다. 그러므로 중국의 아주 촌을 여행한다고 해도 인구를 고려할 때 우리나라 면 정도의 마을을 여행하고 있다고 보면 다르지 않다. 하지만 인구가 그렇게 많지 않은 흑룡강성이나 내몽고 북부는 꼭 이와 같지는 않다.

불빛 화려한 숙소를 찾아갔다. 대체로 이런 숙소가 그나마 좋은 숙소라는 짐작이 들기 때문이다. 그리고 추위에 떨고 싶지 않았다.

숙소의 창문으로 들어오는 탕왕허의 하얀 눈으로 덮인 거리는 한산하기만 하다. 그동안 추위로 움츠렸던 몸을 녹이려고 샤워실로 들어갔다. 온수 조절 손잡이를 조금만 돌리면 물이 너무 뜨겁고, 조금만 반대로 돌리면 너무 차가웠다. 불편을 견디면서 샤워를 했지만 그것도 얼마 지나지 않아 뜨거운 물이 나오지 않았다. 한두 번 경험한 것도 아니었지만 방 안에서조차 떨리는 몸을 가누기가 힘이 들었다.

탕왕허의 석림공원

아침에 석림을 가기 위해 택시를 탔다. 햇살에 반짝거리는 설원을 바라보니 한없이 눈이 부신다. 옆으로 보이는 이미 얼어 버린 개울도 눈에 덮여 땅인지 물가인지 구분을 할 수가 없다. 바람이 스치고 지날 적마다 차창으로 하얀 포말이 덮쳐왔다. 운전수가 이 겨울에 석림을 가자고 하는 나를 의아스럽다는 듯이 바라본다. 그러면서 석림 입구를 들어갈 수 있을지도 모른다고 했다. 이춘에서 석림공원을 가 보라고 추천해 준 사람의 말이 갑자기 무색해진다. 여자 운전수는 손님이 없어 겨울에는 입구를 폐쇄한다고까지 말한다.

도착을 하니 매표소 어디에도 사람이 보이지 않는다. 운전수와 다시 만날 시간을 약속하고 헤어졌다. 나는 잠시 두리번거리다 옆으로 나 있는 약간의 틈새로 들어갔다. 차가 지나간 자국을 따라 마냥 걸었다. 내 평생에 이런 풍광과 고독한 시간을 즐긴 적도 없는 것 같다.

가파른 계단 길에 접어드니 누군가가 바닥을 쓸어 놓았다. 길이 아닌 조금만 옆으로 발을 내디뎌도 눈은 나의 무릎까지 덮어 버린다. 아주 가끔씩 만나는 사람들은 이곳을 관리하거나 산장 같은 곳에서 겨울나기를 하는 현지인들이다.

눈에 푹푹 빠져드는 길을 따라 곰이 올랐다는 나무라고 쓰여 있는 고목을 보고 섬뜩하기도 하고, 일선천一線天이라고 하는 쌍둥이 바위의 아주 좁은 틈새를 지날 때는 바위의 기묘함에 놀라기도 했다. 차라리 나무가 없는 평원에서 이런 눈에 덮인 돌무더기의 광경을 보면 더욱 멋진 그림이 나올 것만 같았다. 두 시간 정도를 설원의 숲과 바위 사이를 헤집고 다녔다. 겨울 속의 삼림인지 삼림 속의 겨울인지 하얀 숲속의 길을 걸었을 뿐이다. 추운 날씨 속에서도 등에는 땀이 배어나고 있다. 매표소 입구에서 만나기로 한 택시는 어김없이 와 있었다. 차를 타고 시내로 돌아오면서 지난여름 왜 이런 풍경구를 모르고 그냥 지나쳤을까 하는 마음으로 자신을 한탄하고 있었다.

숙소로 돌아온 나는 어둠이 내릴 때까지 방에서 몸을 녹였다. 저녁에 식당을 가려는데 두툼한 검정 옷을 입은 중년의 남자들이 거리에 북적인다.

무슨 일인가 다가가 보고 나는 놀랐다. 열 마리 정도의 꽁꽁 얼어 버린 커다란 고기가 입을 '쩍' 벌리고 있다. 아무리 봐도 상어다. 이 상어가 어디서 왔을까 궁금하여 물었다. 바닷고기라면 군이 이면 내륙까지 와서 판매를 할 이유가 없을 것 같았다. 흑룡강에서 잡았다면 강에 바다고기인 상어가 있다는 것이 신기하다. 아무리 생각해도 의아스럽기 그지없었다. 물어보니 러시아에서 건너온 심

길거리에서 철갑상어 판매

어鱘魚 또는 황어鳇魚라고 하는 철갑상어다. 인터넷에서 살펴보니 철갑상어는 민물고기에 해당된다고 한다.

꽁꽁 얼어 버린 철갑상어는 땅바닥에 놓여 있는 나무토막과 다름이 없었다. 사려고 모여든 사람들은 철갑상어를 이리 밀치고 저리 밀치면서 주인과 가격을 흥정하느라 시끄러웠다.

어제와 같은 밤이 오늘도 흘러가고 있었다. 방 안의 추위를 이기려고 벽에 설치된 미적지근한 스팀 장치에 몸을 기대 보지만 소용이 없었다.

중국에서 TV를 켤 수 있다는 것은 대단한 일인 것 같다. 나는 항상 TV를 보려면 복무원을 부른다. 그만큼 TV 리모컨 조작법이 복잡하다. 복무원이 TV를 체육 채널로 틀어 주고는 돌아갔다.

TV의 정치 채널을 보면 중국도 부패와의 근절이라는 뉴스가 자주 방영이 되기도 한다. 내가 고국을 떠나 올 때도 늘 정치 문제로 뉴스의 전체를 메우곤 했다. 특히 피의자 신분으로 검찰에 출두하는 모든 사람들은 기자의 물음을 받는다. 그럴 때마다 '조사에 성실히 임하겠다라는 말을 빠뜨리지 않는다. 조사를 마치고 나온 후의 뒷이야기는 검찰의 물음에 전부 부인했다고 한다. 빈정대듯 말하자면 검찰은 왜 피의자가 인정할 수 없는 심문만을 했는지 모르겠다.

이런저런 생각을 하면 정치 뉴스는 도움도 안 되고 해결할 수도 없는 일에 괜스레 부질없이 시간만을 낭비하고 있다는 것을 느끼곤 한다. 그래서 어느새 채널은 스포츠로 돌려진다. 중국의 스포츠 채널은 주로 테니스나 농구가 자주 방영이 된다. 이것이 여행을 하면서 저녁 잠자리에 들기 전에 숙소에서 하는 일상의 행동이다.

아침에 첫차로 탕왕허에서 아춘으로 돌아왔다.

이춘이란 도시는 사방 어디를 가도 삼림을 만난다. 즉, 삼림으로 둘러싸인 도시다. 오후에 도심으로부터 가까이 있는 흥안공원兴安公园을 올랐다. 공원이라지만 산을 오르는 삼림 공원이다.

마침 산책을 하는 현지인을 따라 찻길을 산책하듯 올랐다. 혜천慧遷이라는 샘물에서 차갑지만 약수라고 몇 모금을 마셨다. 배 속 아니 뼛속까지 차갑게 느껴지는 기분이다. 눈이 많이 내린 관계로 차가 다닌 바퀴 자국도 잘 보이지 않았다. 이럴 때마다 발목의 바짓가랑이를 꼭 매지 않으면 양말로 눈이 들어와 발목을 적시기 쉽다. 누군가 버리고 간 나무지팡이도 하나 주워 들었다. 미끄러운 경사지에서는 그나마 지팡이가 필요할 때가 많았다.

미끄러지기를 수없이 반복하면서 오른 정상이다. 삼림의 정상에 철탑이 보인다. 여름에 삼림의 화재를 살피기 위해 만들어 놓은 망루다. 의외로 탑처럼 생긴 멋있는 하얀색의 망루다. 망루에 오르니 백설의 산천에 찬바람만이 차갑게 스쳐 가고 있다. 아무리 둘러보

이도 전처 인기처서 ㅣ기 않았다. 망루를 네려의 신긴을 네려가기
에는 어둠이 일찍 찾아올 것만 같았다.

마침 지나가는 행인에게 물으니 자기를 따라오라고 한다. 이들이
다니는 지름길은 좁지만 길이 분명했다. 조금 가다 비닐이 있는 것
을 보고 나에게도 주면서 미끄럼을 타라고 한다. 오랜만에 즐기는
산악 썰매다. 요즘 아이들이 눈이 내리면 뚝방 등의 경사지에서 비
닐이나 종이 박스를 타고 놀기도 한다.

한 시간 정도를 이렇게 내려왔다. 그래도 찻길로 오는 것보다는
몇 배의 시간을 절약할 수 있었다. 도심 교외의 민가들은 지붕 위
에 하얀 눈을 잔뜩 이고 있다. 골목을 지나가는 어떤 부부가 썰매
를 등에 지고 집으로 들어가는 것을 보았다. 아마 볼일이 있어 집
에서 나갈 때는 아래로 경사진 곳을 썰매를 타고 갔다가 돌아올
때는 지고 오는가 보다. 신기한 광경이었지만 이곳에서는 아주 자
연스러운 모습으로 보일 뿐이다. 추운 겨울이라지만 이런 장면 하
나하나를 새롭게 경험하는 나는 즐거운 여행자일 수밖에 없다.

도심으로 들어와 목조木雕와 석원石苑이 있다는 곳으로 향했다.
공원 같은 이런 곳을 다니면 그들의 문화와 생활의 일면을 들여다
보는 데 더없이 좋다.

긴 복도를 따라 산수와 동물들을 벽화처럼 목판에 조각해 놓았
다. 벽화의 그림들은 알 수 없는 상상의 동물들 같기도 하고, 설명
하기 어려운 신과 괴물의 형상이 그려져 있기도 하다. 넓은 공간에
는 조각을 한 나무들을 기둥처럼 세워 놓기도 했다.

이춘의 목조각 공원

　길 건너 맞은편에도 돌과 바위를 수석처럼 만들어 사람들의 휴식
처로 만들어 놓았다. 이런 돌들에는 어김없이 글 깨나 쓸 줄 아는
이들이 이 고장의 훌륭한 산수의 의미를 담은 글들을 남겨 두었다.
　여름이면 이춘 시민들의 많은 사랑을 받고 있을 좋은 휴식처다.
예순을 넘겨 보이는 어른들 몇몇이서 벽화와 수석의 조형물을 바
라보며 천천히 긴 복도를 따라 걷고 있다. 감상을 한다기보다는 따
스한 햇살을 더 그리워하고 있는 듯하다.

　숙소로 돌아오는 길을 헤맸다.
　산을 내려와 추위에 밤을 헤맨다는 것이 더욱 고통스러웠다. 언
제나 이런 일이 생길 때는 스스로 내 자신이 부끄럽다.
　여행을 하면서 사람들에게 길을 묻곤 하는 답답한 '길치'라는 소리
를 주위로부터 수없이 들어왔기 때문이다. 특히 번화한 도시의 터미
널 매표소를 찾아가는 일도 나에게는 마음에 부담으로 다가올 정도
로 어리벙벙하게 행동한다. 그래서 친구들이 나의 이런 행동을 보면

서 어떻게 흔자 외규 여행을 히느냐고 빈정대듯 웃으면서 말힌다.

가끔 가족들이 연세 많으신 어머니를 길눈이 어둡다고 말하는 것을 들은 적이 있다. 우스운 이야기지만 아마 어머니의 유전인자를 받은 것 같다.

숙소를 정하면 늘 숙소의 명함을 챙긴다. 그것도 두 장 정도를 각각 다른 호주머니에 넣어 둔다. 예전에 한 장만을 소지하고 다니다 분실한 후에 숙소를 찾느라 고생을 한 적이 있었다. 이런 일이 있은 후로부터 습관처럼 두 장을 소지하는 버릇이 생겼다. 이처럼 나만큼 여행을 어눌하게 하는 사람도 거의 없을 것 같다.

또 요즘 어쩌다 식당에서 식권을 사서 음식을 먹는 일도 마음에 신경이 쓰인다. 그리고 자동판매기에서 스스로 기기를 작동하기가 어눌하여 주위 사람들에게 묻거나 눈치를 살펴 가며 부탁을 하기도 한다. 현대를 살아가는 적응력이 부족하다는 느낌도 지울 수 없다.

끝으로 여행 계획을 세우는 일이다. 여행의 엉성한 노선을 머릿속에 담아두고는 여행을 떠난다. 여행을 하면서 뜻하지 않은 일들이 생겨나 노선을 변경하는 것도 다반사다. 이런 일은 그나마 자유여행이라는 이름으로 나만의 즐거움이라고 위로를 삼을 수도 있겠다.

그래도 친구들은 나를 여행의 노하우가 많은 사람으로 생각을 해준다. 게다가 자주 여행하는 것을 보고 금전적으로나 언어 면에서 아주 능력이 있다고 추켜세워 준다. 내가 그렇지 않다고 말해도 믿지 않을 말을 굳이 하고 싶지 않아 그냥 인정하듯 가만히 있곤 한다.

가끔 사람들로부터 자랑이 있으면서 소박한 척, 재물이 있으면서 검소한 척, 유세가 있으면서 겸손한 척하는 것을 볼 때가 있다.

차라리 속살을 드러내어 잘나 보이고 있는 행세와 거만함이 더 진솔하게 보일 때가 있다. 그만큼 척하는 가식적 행위가 더 우리의 삶을 역겹게 만들기 때문이다.

무사히 하루가 지나갔다는 생각에 마음이 평온해진다. 잠을 자려고 하는데 엉덩이의 꼬리뼈가 아프다. 미끄럼을 타면서 산길을 내려오는 동안 엉덩이 꼬리뼈의 피부가 벗겨진 것이다.

몽골에서 말을 탔던 추억이 되살아났다. 사흘 동안 말을 타고 달리는 경험을 한 적이 있었다. 그 당시도 꼬리뼈의 피부가 벗겨져 잠을 자기가 무척 고통스러웠다. 현지인들의 말에 의하면 열 명에 네다섯 명 정도는 이런 현상을 보인다고 한다. 며칠을 바로 눕지 못했다. 게다가 발목의 안쪽 복사뼈도 쇠발걸이에 부딪혀 무척 아팠던 기억이 있다. 익숙하지 않은 말 타기는 오직 여행의 고통스러운 경험일 뿐이다.

다음 해 가을에도 이춘을 찾았다.

이춘을 지날 때면 늘 삼림의 숲을 헤맨다. 그만큼 이춘의 삼림 지역을 여행한다는 것은 매력이 있다. 고국에 있을 때도 아침에 가까운 산으로 자주 산책을 즐긴다. 숲속에 들어가면 잎새에 맺혀 있는 이슬이 주위를 촉촉하게 적셔 주고 있다. 한참을 걷다 보면 나의 옷과 피부도 어느새 촉촉해져 오는 것을 느낀다. 나뭇잎 사이로 실선처럼 비춰 오는 금빛 햇살은 더없이 따사롭다. 주로 침엽수인 소나무나 편백나무 숲을 거닐면 '피톤치드'라는 물질이 나무로부터 나와 사람을 이롭게 한다고 한다. 특히 호흡기에 좋다고 하는 말을 듣고부터는 너욱 기회만 되면 숲을 찾는다.

이춘 지역의 우잉五营에는 국가삼림공원과 펑린자연보호구丰林自然保護区가 있다. 겨울에 탕왕허를 가면서 우잉이란 곳을 지났었다. 큰길에서 우잉으로 들어가는 갈림길에 세워진 우잉의 건축물이 색달랐던 기억이 있다. 이번 가을에 들르니 낙엽송의 바늘잎이 황금빛으로 변해 있었다.

이른 아침 삼림의 숲길을 걸을 때면 바늘 낙엽이 햇살에 반짝이며 살포시 내 발자국을 남긴다. 특히 이 지역은 홍송이란 소나무의 특별한 품종이 군락을 이루어 서식하고 있다. 홍송은 소나무의 줄기가 유달리 붉은 색을 발한다고 해서 붙여 준 이름이다.

삼림공원을 들어서자마자 잣을 파는 아주머니를 만났다. 잠시 아주머니와 이야기를 나누면서 옛 생각에 잠겼다. 내 고향 속리산에서의 일이다. 법주사 뒤의 숲속에 잣나무가 많았다. 초등학교 시절 다른 친구들이 잣을 몰래 따러 가자고 하여 숲속으로 들어갔다. 잣을 따가지고 스님들이 지키는 일주문을 피하기 위해 미륵불의 뒷산 수정봉으로 올라갔다. 공교롭게도 스님들의 식사 시간을 알리는 종소리가 울리니 수정봉에 계시던 스님이 어디선가 나타났다. 스님을 피해서 몰래 도망을 가다가 잣 한 송이가 바위를 타고 굴러 내려갔다. 스님에게 들켜서 무작정 아래로 도망을 쳤다. 집에 와서도 바위 아래로 굴러 내려간 한 송이 잣이 자꾸 생각이 났다. 냇가에서 끈적끈적한 잣을 까느라고 무척 고생을 했던 추억이다.

예전에는 이곳 삼림 관광을 위해서 숲속을 달리는 유람 열차도 있었나 보다. 녹슬어 버린 철길이 숲속을 따라 길게 이어져 있다.

이 철길을 따라 걸었다. 낙엽송도 있지만 자작나무 군락지도 지나고 홍송삼림욕이라는 홍송의 숲길도 지난다. 숲속의 도로와 산길을 번갈아 지나며 다니다 보니 방향 감각을 잃었다.

가끔씩 아름드리나무가 쓰러져 있어 길을 막기도 했다. 그 아름드리 고목에는 얼굴의 여드름처럼 작은 버섯들이 오밀조밀 피어나 있다. 어쩌다 길에 세워져 있는 오토바이나 봉고차를 보기도 한다. 이들은 버섯, 잣 등을 채취하러 온 사람들이다. 이들은 길을 지나는 사람들에게 즉석에서 팔기도 한다.

삼림 속에서 축구장만 한 파란 물결의 호수를 만났다. 호숫가에 세워진 비석에는 '천사호天賜湖'라고 쓰여 있다. 즉, 하늘이 내려준 호수라는 의미다. 나는 여행을 하면서 이런 이름을 볼 때마다 감탄을 한다. 이렇게 자연물에 대해서 자신 있게 사람들이 영원히 공감할 수 있는 이름을 지어 주는 이는 도대체 누구인지 모르겠다.

파란 호숫물을 바라보고 있었다.

우잉 삼림공원의 호수

때 묻지 않은 거울처럼 보인다. 너무 깨끗하면 만져 보기도 두렵다. 산들바람이 불어오니 호수가 고기비늘 모양의 물결이 살랑거린다. 허물없이 산 사람이 뉘 있으며, 티 없이 자라난 인간 또한 어디 있으랴. 다 얽히고설키며 살다가 스스로 고결한 척하고 이승을 마감하는 것이 우리네 인생사 아닐까?

호숫물에 잠시 몸을 담가 본다. 지나온 날의 허물이라도 벗겨 볼까 하는 심정으로….

숲속의 길을 떠났다.

삼림공원을 나올 때는 란메이를 파는 상점에서 란메이의 특별주도 맛보는 기회를 얻기도 한다. 특히 란메이가 많이 산출되는 시기에는 곳곳에서 축제도 열린다. 이럴 때 온다면 색다른 여행의 맛도 느낄 것이다.

또 이곳 우잉 근교에는 펑린자연보호구라는 곳이 있다. 이곳은 일반인의 출입을 금지하는 지역이다. 그렇다고 늘 감시하는 사람이 있는 것은 아니다. 중국 여행에서 안전을 위한 금지 구역이 많이 존재하지만 내 스스로가 마주할 위험을 조심하면서 다닌다면 그렇게 제약을 받지도 않는다. 삼림 지역에서는 늘 화재의 위험도 따르게 마련이다. 특히나 가을 낙엽이 쌓이는 시기에는 날씨마저 건조하면 매우 주의를 요구한다.

길을 가다가 봉고차를 세워 태워 달라고 했다. 봉고차에는 아주머니들이 타고 있었다. 당연히 버섯을 채취하는 사람들이다. 탕왕허를 끼고 봉고차는 한동안 숲속으로 들어갔다. 삼림과학연구원이라는 곳도 지났다. 삼림을 전공하는 대학생들이 이곳에서 삼림

보호에 대한 연구를 하고, 삼림에 종사하는 기관 직원들도 연수차 다녀간다고 한다.

그들이 내린 곳에서 나도 내렸다. 차는 도로에서 약간 벗어난 숲속에 세워 두었다. 숲길을 올라가는 계단 주변으로는 곧게 솟은 침엽수들이 하늘을 찌를 듯이 높게 자라고 있다. 허름한 돌계단에 떨어진 낙엽송의 황금빛 바늘 낙엽을 밟으며 산길을 올랐다. 인적이 드문 탓인지 원시삼림답게 수북이 쌓인 낙엽이 스펀지처럼 발걸음을 편안하게 한다.

평린자연보호구의 홍송 서식지

이들을 따라 올라간 곳은 산불 감시 초소가 있는 곳이다. 정상의 감시 초소에는 다섯 명 정도의 근로자들이 작은 건물을 보수하고 있었다. 이곳을 여행 온 한국인이라는 말을 듣고는 약간의 이곳 소개도 해 주었다. 숲속 정상에 '홍송고향紅松故鄕'이라는 비문이 눈에 들어왔다. 이처럼 이춘 근교의 지역은 홍송이 자라고 있는 것에 대단한 의미를 두고 있다.

산불 감시 초소의 탑을 올라가니 한 사람이 심림의 주변을 돌리 보고 있다. 이 감시원은 아침에 출근하여 해가 기울면 퇴근을 한 다. 아래를 내려다보니 온 산하가 벌써 노랗게 물들어 가고 있다. 봉고차 운전수와 돌아갈 약속 시간을 두고 정상의 주변을 산책하는 여유를 즐겼다.

이틀간 삼림의 여행을 마치고 이춘으로 돌아왔다. 탕왕허가 흐르는 옆으로 아담한 박물관이 있다. 이춘시박물관이라고 쓰여 있다. 지난겨울에 이곳을 다녀 갈 때는 이런 박물관이 있는 줄 몰랐다. 들어가 보니 쟈인에서 보았던 공룡박물관恐龙博物馆과 똑같았다. 규모는 작지만 쟈인에 있는 공룡박물관만큼이나 공룡의 역사적 사료들을 잘 갖추어 놓았다.

해가 기우는 맞은편 공원에는 많은 사람들이 나와 운동과 춤을 즐기고 있다. 공원 중앙에 이춘소흥안령국가지질공원이라 쓰여 있는 굵은 기둥이 보인다. 위에는 원형의 지구본을 이고 있다. 다시 그 위로 걸려 있는 태양이 붉게 노을져 가고 있다.

아침에 이슬비가 내리고 대지가 축축하다. 나의 숙소에서 개울 만 건너면 북산공원北山公园을 산책할 수 있다. 이춘은 두 개의 공원이 도시를 가운데 두고 마주 보고 있다. 그리고 탕왕허라는 물줄기가 도심을 지난다. 샤오씽안링이라는 산줄기에 접하여 공기도 좋다. 가을이 오면 온 산이 오색단풍으로 물들어 전원 풍경에 휩싸인 이춘을 느낄 수 있다.

북산공원은 그리 높지 않다. 게다가 길도 잘 포장되어 있어 아침부터 산책을 즐기러 길을 걷고 있는 노인들을 많이 만난다. 북산공원에 가기 위해 탕왕허가 흐르는 다리를 건넜다. 오늘이 마침 중국의 국경절 10월 1일이다.

공원 안에 작은 동물원을 만났다. 규모는 크지 않았지만 많은 사람들이 들어와 있다. 국경절이라 가족 단위로 온 사람들이 많이 보인다. 아이들의 재잘거리는 소리도 들려왔다. 사람들이 몰려 있는 곳으로 가 보니 모두가 우리 안에서 어슬렁거리는 곰을 구경하고 있다. 커다란 곰 두 마리가 이슬비에 아랑곳하지 않고 아이들이 던져 주는 먹을거리를 찾아다니고 있다. 부모님과 아이들은 잠시나마 이 모습을 마냥 즐기고 있었다.

잠시 후 모두가 떠나간 자리에서 우산을 들고 있는 꼬마 아이를 보았다. 나이와 이름 그리고 왜 혼자 왔는지 이유를 물었다. 아이는 11살이고 초등학교 4학년인데 이름이 '쭈쉬朱熙'라고 한다.

비가 오락가락하는 숲길을 둘이 걸으면서 이야기를 나누었다. 잠깐의 대화를 나누는 동안 아이의 총명함에 놀랐다. 아이답지 않게 언어 구사력이 남달랐다. 아버지는 북경에서 물을 관리하는 직업에 종사하고 있고, 세 번째 부인하고 살고 있으며, 16살 위의 배다른 누나가 이곳 이춘에서 경찰로 있다고 한다. 친엄마는 사천성에 있는데 한 번 만나 구채구와 황룡을 여행한 추억이 있다고 한다.

지금은 83세의 할머니하고 둘이 작은 아파트에서 생활하고 있다고 한다. 아이로부터 이런 이야기를 듣고 있자니 가슴이 아팠다. 아이는 서슴없이 대답해 주었지만 더 이상 아이의 마음을 아프게 하고 싶지 않았다. 내가 성장할 때까지 부모님이 함께 계셨던 것만으로도 나는 티없이 행복해 보였다. 아이는 장래의 꿈이 비행기 조종사가 되는 것이라고 한다.

아이는 함께 걸으면서 어느새 나의 가이드 역할을 하고 있다. 게다가 나를 '예예(할아버지)'라고 부르면서 가끔씩 앞에서 재롱도 부린다. 부모님의 정을 나에게서 느끼고 있는지도 모르겠다 싶어 오늘 아이에게 많은 사랑을 남겨 주고 싶었다. 가방에는 넣어 둔 지 며칠 지난 바나나 두 개가 전부였다. 오늘 점심은 내가 살 테니 돈은 네가 내라고 농담을 던졌다. 아이는 집에 갈 차비로 일 원밖에 없다고 하는데 그 말을 듣자 또 마음이 아팠다.

공원을 내려와 시내 보행가 거리에 있는 식당으로 데리고 갔다.

키가 140㎝ 이하인 아이는 음식의 가격이 성인의 3분의 1이라고 쓰어 있는데 아이의 키가 5㎝ 모자랐다. 다행이라고 해야 할까 불행이라고 해야 할까. 아이가 나에게 말한다. 할아버지도 나이가 65세면 할인이 된다고 한다.

이춘 공원의 지구본

아이는 한 번도 와 보지 못했을 뷔페를 잘 아는 듯이 휘젓고 다녔다. 내가 고기와 한 잔의 술을 즐기는 동안 아이는 두 번이나 아이스크림을 가지고 와서 먹었다. 역시 아이는 아이라는 생각이 들었다. 내가 마늘을 먹는 것을 보고는 어느새 달려가 마늘을 한 접시 들고 온다. 식사를 하는 동안에도 어머니와 함께했던 구채구와 황룡의 추억을 다시 이야기한다. 아이에게 유일하게 남겨진 소중한 추억인 것 같았다.

아이와 버스를 타고 가면서 헤어진 장소는 어제 있었던 이춘시 박물관의 수상공원이다. 오늘도 어둠이 석양을 파고드는 수상공원에 지구본을 이고 있는 둥근 탑이 붉게 물들고 있다.

헤어질 시간이 다가왔다.

나는 아이에게 말했다. "훗날 네가 성장하면 한국에 사는 할아버지가 밥도 사주고 맛있는 것도 사 주었다는 것을 기억해라. 우리가 헤어져도 절대로 서로 잊지 말자"고…. 말을 하는 내 가슴이 뭉클해졌다.

아이는 공원의 운동기구에 매달려 걸어가는 나를 물끄러미 바라본다. 아마 아이는 이곳에서 어둠이 오기를 기다리고 있을지도 모른다. 어둠이 찾아오면 아이는 쓸쓸히 집으로 들어갈 것이다. 나와 보낸 시간이 아이에게 국경절 휴가의 멋진 추억으로 남았기를 바랐다. 그리고 아이가 자신의 꿈인 비행기 조종사처럼 하늘을 훨훨 날았으면 좋겠다.

그리고 오늘 밤 천진스러운 아이는 할머니에게 우리가 보낸 시간을 마냥 즐겁게 이야기할 것이다. 내가 어린 시절 어머니 품에서 행복하게 이야기 나누었던 것처럼….

셋이서 동행을 하면 그중에 스승이 있다는 말이 있다. 어른의 힌 마디와 행동이 훗날 삶의 큰 교훈으로 느껴지기도 하고, 어린아이의 이유 없는 천진난만한 행동에서 우리는 이해와 용서를 배우기도 한다. 이렇게 우리는 타인의 모범된 행동을 보고 귀감으로 삼고 그릇됨을 보고 자신을 반성한다.

순수한 물에서 답을 찾으려 하지만 순수한 물에서는 때 묻은 오물의 그늘을 이해하기 어렵다. 이처럼 경험이 많은 사람이 인생의 스승이라는 것을 대변해 주는 말이다. 무엇인가를 안다는 사실보다는 느끼고 깨달은 경험만이 인생의 혜안으로 남기 때문이다. 그래서 어디론가 떠나는 여행은 경험의 축적이다.

허울 좋은 가면의 탈을 쓰고 속물처럼 지내 온 날도 수없이 많았다. 구차한 변명으로 자신을 가리려 했을 때도 있었다. 그리고 잠자리에서는 위선 앞에 늘 스스로 부끄러워했다.

오늘 이 아이가 나의 길동무고 스승이었다. 아이와 함께하는 동안 희망을 잃지 않는 아이로 자랄 수 있도록 해 주고 싶었다.

지금까지 이춘의 북쪽을 다녔다. 이춘의 남쪽으로도 많은 삼림 공원을 만날 수 있다. 아마도 외국인에게는 잘 소개되지 않은 곳인 듯하다. 우연히 중국 관광객들과 2박 3일 이곳을 여행할 기회가 있었다. 이춘의 남쪽에 위치한 찐산金山, 랑썅郎乡, 티에리铁力라는 지역에 위치한 풍경구들이다.

치치하얼에서 출발했기에 차에서 많은 시간을 소요했다. 흑룡강성의 서쪽에서 동쪽으로의 여행이다. 중국인들과 함께 여행을 하면서 그들이 소개해 준 덕에 지리를 많이 알 수 있게 됐었는데 이

것 역시 아주 값진 소득이었다.

이춘 선옹산지질공원

어쩌다 보니 버스 안의 여행자 중에 내가 제일 연장자였다. 이들이 가는 곳이 내가 다녀 본 곳이 아니기에 더욱 새롭게 다가왔다. 이춘을 가면서 지난번에 탕왕허의 석림공원과 우잉의 펑린자연보호구를 다니면서 느꼈던 기억이 되살아나곤 했다.

차 안에서는 무료함을 잊기 위해 여행자 대표가 노래를 시키기도 했다. 때로는 남녀별로 노래 시합을 하고 한국인이라며 나에게도 노래를 부르는 시간과 기회를 주었다.

나는 「아리랑」을 불렀고 앵콜로 「안동역에서」를 불렀다. 이 노래는 나의 애창곡이라지만 한국의 대표적인 전통 가요도 알려 주고, 「안동역에서」의 지명을 그 지방 이름으로 고쳐 부르면서 그들의 분위기에 어울렸다.

우리나라에서도 관광버스를 타면 차 안에서 춤과 노래를 즐긴다. 운전에 방해가 된다고 하면서 도로교통법 위반을 적용하고 있지만 완전히 지켜지지는 않는 것 같다. 실제로 이런 일로 크게 교통사고가 일어나는 경우가 종종 있다. 나도 한때 이런 관광버스에 오르면 내가 주인인 듯 사회를 보기도 했다. 그럴 때면 분위기에 어울리지 않고 있는 사람들에게 더 많은 관심을 주어 다 함께 즐길 수 있도록 노력했다.

관광버스에서 노년을 찬미하는 노래를 부르면 슬퍼진다. 지나간 청춘의 그리움을 위로받기 위함일 뿐이라는 생각이 스쳐가기 때문이다. 젊어 보인다거나 예뻐 보인다는 말로 누군가가 나를 칭찬하는 것도 한편으론 부족한 나를 위로해 주는 것은 아닌가 생각할 때도 있다. 그래서 능숙하지는 않더라도 젊은이들이 부르는 템포가 빠른 노래를 두세 곡쯤 배워 부르려고 노력한다.

제일 먼저 들른 곳이 찐산의 금조봉경구金祖峰景區라는 곳이다. 찐산을 흐르는 탕왕허의 금수대교를 건너면 바로 앞에 있다. 다리 건너 입구에는 영험하고 수려하다는 뜻의 '崉秀金山'이란 글귀가 쓰여 있다. 한 시간 정도를 오르면 정상에 도착을 한다.

그렇게 높은 산은 아니지만 이곳은 등산의 즐거움을 만끽할 수 있는 좋은 풍경을 가진 곳이다. 바위산을 오르면서 주변의 기봉을 감상하기도 한다. 어느 정도 오르면 탕왕허가 흐르는 찐산의 시가지가 시원하게 한눈에 들어온다. 정상에 오르면 '金祖第一峰'이라 쓰인 커다란 바위를 만난다. 이곳에서 잠시 시원한 바람을 맞으며 휴식을 취한다.

중년의 여인들은 추억의 기념사진을 담느라 분주하다. 중국의 여인들은 주로 붉은색의 옷을 많이 입는다. 야외로 나들이를 할 때는 더욱 그렇다. 실제로 푸른 산이나 들에서 붉은색의 옷은 배합이 잘 어울린다. 게다가 유달리 온갖 포즈를 취하면 더욱 화려한 그림을 남긴다.

산을 내려오면서 기이한 바위를 만났다. 동그랗게 움푹 팬 바위가 마치 수도하는 불자가 앉으면 어울릴 법한 모양을 하고 있다. 실제로 많은 사람들이 그러한 모습으로 사진을 남겼다. 나 역시 잠시나마 그 바위 속에 있었다. 글귀 그대로 영험하고 수려한 산이라는 생각이 스쳐갔다.

금산 풍경구

다음 날은 아침부터 시내를 구경하는 데도 바빴다. 금비동金秘洞, 근조예술관根雕藝術馆, 금박원金博园, 술 전시관인 금조동장주전관金祖洞藏酒展馆 등 볼거리가 매우 다양했다. 같이 다니는 중국인들은 나를 보면 이곳의 문화와 생활에 대해서도 소개해 주고 우리나라에 대해 궁금한 것도 물어 왔다.

오후에는 차를 타고 어딘가로 향했다. 길을 가면서 운전수도 초행길이라 촌마을로 들어가는 길을 접어들기도 했다. 간신히 찾아들어간 풍경구는 선옹산지질공원仙翁山地质公园이라는 곳이다.

이런 여행은 중국인과 함께 하지 않으면 거의 올 수가 없을 것만 같았다. 이곳 역시 숲을 지나 능선에 오르면 수려한 기암괴석들이 등산을 하는 내내 이어진다. 정상에 오르면 둥그런 바위가 두 개 포개져 있는 것이 또한 사람들의 눈길을 사로잡는다. 그동안 흑룡강성을 여행하면서 산수가 새롭게 다가오는 느낌이다.

랑샹으로 가면서 붉은 소나무라는 홍송의 숲으로 둘러싸인 임중원林中园이라는 곳도 들렀다. 이렇게 짧은 오후의 시간에 하루에 두 군데의 산을 올랐다. 그것도 내가 거의 선두에서 걸었다.

랑샹에 도착했다.

랑샹은 취화翠花라고 하는 비취색의 비녀가 산출되는 곳으로 유명하다. 도착하자마자 동산공원东山公园을 거닐고 밤거리 야경에 취하기도 했다. 저녁에는 식사를 하면서 한잔의 고량주도 곁들였다. 숙소로 돌아오니 나도 모르게 눈은 감기고 새벽을 맞았다.

마지막 날 돌아오면서 티에리의 화강암석림지질공원花岗岩石林地质公园을 들렀다. 이곳 역시 이틀 동안 산행한 풍경구와 별반 다르지는 않았다.

티에리 화강암석림공원

산행을 하는 동안 중년의 여인들은 삼삼오오 짝을 지어 내려오면서 아름다운 노래의 선율을 숲속에 남겨 두고 있었다. 오랜만의 외출인 양 마냥 즐거운 시간을 보내고 있는 것 같았다. 내려오니 수박과 각종 과일 그리고 계란과 옥수수가 우리를 기다리고 있었다. 더운 여름의 열기를 식히기에 부족함이 없었다.

사람들마다 나에게 먹을 것을 건네주었다. 여행하는 동안 내가 제일 연장자라고 하면서 음식이나 숙소 등 모든 것을 제일 먼저 배려해 주는 마음도 무척 고마웠다. 단체 사진을 담을 때도 꼭 함께하는 배려도 잊지 않았다. 산을 오르면서도 먼저 오르는 나를 보고는 아주 건강하다고 하면서 한껏 추켜세우기도 했다. 모든 것이 행복했다.

이제 산행을 마치고 돌아오는 버스에 올랐다. 여행을 시작할 때처럼 버스에서는 노래와 웃음이 흘러나왔다. 창밖으로는 들녘의 풍요로운 누런 곡식 들판이 지나가고 있다.

흑룡강성은 평원과 삼림만 있는 줄 알았다. 하지만 이곳 이춘의 삼림공원은 우리나라의 유명산과 비슷했다. 바위와 소나무들이 서로 조화를 이루며 아름다운 경치를 자랑한다.

우리는 이틀 동안 자작나무 숲을 걷기도 하고 홍송의 숲길을 걷기도 했다. 때로는 이 모든 나무들이 한곳에 함께 서식하고 있는 길을 걷기도 했다. 이처럼 여러 종류의 나무들이 지역에 따라 군락을 이루기도 하고 한곳에 모여서 생장하면서 아름다운 숲을 이룬다.

우리 인류도 이와 다르지 않아서 다양한 인간이 살아가는 지구가 서로의 공존을 이루어 나갈 때 지구는 아름답지 않을까 생각한다, 여행을 마치고 독아와 글은 쓰면서 다시 한 번 생각하는 기운데 나는 어느새 한층 성숙해져 있음을 느낀다.

허河와 강江으로 넘쳐나는 흑룡강성은 샤오씽안링을 타고 울창한 삼림들이 넘쳐나고, 건강한 생태계의 필요한 수많은 습지를 낳았다. 앞으로도 흑룡강성을 여행한다면 이춘 주변의 풍광은 늘 나의 마음속에서 되살아날 것만 같았다.

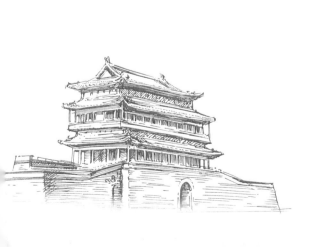

Part 8

송화강이 준 선물 삼강평야

하얼빈哈尔滨은 흑룡강성의 제일 큰 도시로
국제공항이 있다. 여행을 하기 위해 입국을 하거나 출국을 할 때
거쳐 가야 할 국제공항이다. 그래서 여행 일정상 하루 이틀의 여유
가 있으면 하얼빈의 시내를 구경하고 돌아간다.

하얼빈 역에 있는 안중근열사기념관, 흑룡강성박물관, 성소피아성
당이 있는 중앙대로, 송화강이 흐르는 태양도 등을 둘러보기도 했다.

겨울에 하얼빈의 중앙대로를 따라 걷다 보면 길에 조각해 놓은
갖가지 얼음 조각품을 만난다. 사람들은 이 얼음 조각상을 앞에
두고 기념사진을 남기고 간다. 가족들이나 청춘의 연인들도 이 길
을 걸으면서 가정의 행복과 영원한 사랑의 추억을 만들어 간다.

겨울이라고 해서 그들은 동면에 들지 않는다. 하얼빈의 빙등제는
세계적으로 알려져 있다. 그리고 흑룡강성이나 내몽고 북부 후뤈
베이얼의 어느 소도시를 가더라도 광장이나 공공건물에는 얼음조
각의 예술품을 만들어 놓았다. 용 같은 상상의 동물과 만리장성
같은 건축 조형물도 눈에 띈다. 사람들은 봄이면 사라질 허무한
조형물 앞에서 한 장의 추억을 또 남기고 지나간다.

이 중앙대로가 끝나는 지점에는 태양도가 보이는 송화강을 만난
다. 흑룡강성에서 처음으로 만난 송화강의 겨울 풍경이다. 100m

빙등제 얼음 조각

정도 되어 보이는 긴 얼음 미끄럼틀이 강변에 만들어져 있다. 이 미끄럼틀을 타려고 서 있는 줄의 끝이 보이지 않는다. 얼어 버린 송화강은 군데군데 야외 스케이트장도 설치되어 있다.

이곳 겨울의 밤은 일찍 찾아온다. 어둠이 드리워지는 송화강변을 따라 빙설축제장으로 향했다. 이미 많은 관람객이 표를 사고 들어가느라 북적이고 있다. 하얀 설원의 땅에 찬바람이 칼바람이 되어 휘몰아친다.

축제장에 들어가니 얼음 조각품 속으로 비쳐지는 형광의 오색 색깔이 백설의 대지에 물감을 토해내고 있다. 사람들의 물결을 따라 나도 이리저리 흔들리고 있었다.

빙설 축제의 개막식을 알리는 소리가 북소리와 함께 들려온다. 사람들이 그곳으로 향했다. 나는 조금은 한산한 공간을 누비며 얼음으로 만든 작품을 감상했다. 만리장성과 피라미드 건축물 등의 거대한 조각품에 기가 눌리고, 여인상이나 동물 그리고 나뭇가지 등의 섬세한 조각 솜씨에 예술의 진수를 느껴 보는 순간이다.

돌아 나오는 차창가로 송화강 다리가 보인다. 다리 위의 불꽃놀이가 도시의 빛을 더하고 나의 눈이 포만감에 젖은 하얼빈 빙설 축제다. 겨울 도시 하얼빈의 화려함은 낮과 밤이 따로 없었다.

하얼빈에서 멀지 않은 곳에 야부리亚布力라는 곳이 있다. 이곳은 흑룡강성 최고의 스키장 시설을 갖추고 있다. 물론 여름에는 삼림의 숲길을 걷기도 하고 인공 물놀이장도 있어 늘 인파가 붐빈다. 하루의 피로를 풀기 위한 온천욕도 빼놓을 수 없는 곳이다.

송화강을 따라 쨔무쓰佳木斯 방향으로 가다 보면 중간 지점에 '이란依兰'이란 현급의 도시가 있다. 2019년 삼강평야를 여행하면서 이란을 지나갈 기회가 있었다. 기차역을 나오는 지하 출구에는 수많은 붉은 오성홍기가 천정에서 나부끼고 있다.

오늘이 중국의 국경절, 즉 건국 70주년을 기념하는 특별한 날이기 때문이다. 길을 걷는데 많은 사람들이 건물의 벽면에 붙어 있는 대형 모니터를 보고 있다. 북경 천안문 광장에서 국경일을 축하하는 행사가 나오고 있었다. 나도 한동안 벽의 대형 모니터에 빠져들었다.

각 성마다의 특징을 알리는 행렬이 천안문 광장을 지나고 있다. 그런데 뜻밖에도 흑룡강성이 소개되는 행렬에서 며칠 전 찌엔싼쟝建三江에서 보았던 가을 추수 장면이 방영되었다. 그 당시 경찰이 사진을 찍지 말라고 하면서 논에서 나가라고 부탁하듯 말한 이유를 이세아 일 깃 같있다. 그리고 흑룽깡/성의 대표긱 긴물인 따칭人庆의 석유 시추에 대한 표현도 있었다.

그동안 수없이 펄럭이는 오성홍기에 대한 의미를 알려고도 한 적이 없었다. 그런데 중국인에게 물어보았지만 사람마다 확실히 아는 사람도 적었다. 오성홍기의 붉은색은 혁명을 나타내고 노란 색은 황색 인종을 나타낸 것이라고 한다. 그리고 공산당을 나타내는 큰별 주위로는 사농공상의 직업군의 인민을 나타낸 것이라고 한다.

국경절 천안문 광장

아침에 송화강변을 걸었다. 강이라고 하지만 건너편의 풍경이 시야에 들어오지 않을 정도로 넓다. 아침 강바람을 맞으며 목단정木丹亭이라 쓰여 있는 정자에 앉아 있는데 한 아주머니가 강변을 산책하면서 다가왔다.

이분과 이야기를 나누게 되었는데 이곳이 목단강과 송화강이 합쳐지는 지역이라고 한다. 목단강은 목단령에서 흘러온 지류들이 합쳐져 목단강시를 지나 북으로 흐르면서 송화강을 만난다. 여행

자인 나에게 이곳을 나름대로 소개하면서 박물관과 오국두성五國
头城이란 곳을 가 보라고 한다.

그러면서 자기는 이곳에서 나서 지금까지 다른 곳을 가 보지 않았
다고 한다. 나이를 물었더니 70세라고 하는데 깜짝 놀랐다. 그리고
젊은 시절에 역사를 가르치는 교사를 했다고 하면서 오국두성과 송
나라의 마지막 황제 휘종과 흠종에 대한 이야기를 들려주었다.

이란 박물관

이분의 이야기와 역사적 사료를 간추려 적어 보았다.

중국 역사에 3대 치욕이란 말이 있는 데 그중에 하나가 바로 금
나라에 의해 나라를 잃은 '정강의 변'이다. 바로 송나라의 멸망을
말하는 것이다.

중국 당송 시대는 시문학과 각종 예술의 부흥기를 맞았던 시기
이다. 그래서 중국 역사에 특별히 당송팔대가라는 걸출한 문장가
들이 중국 문학의 한 획을 그어 놓기도 한 시기이다. 송나라 황제
휘종 역시 시문학에 능했고 정치보다는 풍류에 많은 관심을 기울

였다. 게다가 국가시업을 구실로 백성에 대한 수탈이 극심했었기에 이에 따른 반란 등으로 국가의 기강은 매우 약해졌다.

이로 인하여 결국 송나라의 마지막 황제라 칭하는 휘종과 아들 흠종은 여진족의 금나라에 패하여 이곳 이란으로 유배를 왔다. 그리고 이곳에서 9년 동안의 유배 생활 끝에 생을 마감했다. 이를 듣고 있다 보니 당연히 조선시대에 강원도 영월 청룡포로 유배를 간 단종 임금이 생각났다. 이분은 여담으로 두 분의 황제가 13명의 부인과 자식 38명의 가솔을 데리고 왔다고 말한다.

이분의 말을 듣고 송화강변에 있는 역사문화장랑歷史文化長廊을 따라 걸으면서 박물관으로 향했다. 박물관에는 휘종과 흠종의 초상 영정이 모셔져 있고 그 당시의 이란의 오국두성의 사료들이 지도로 잘 표현되어 있다.

기러기가 운다는 안명호雁鳴湖를 지나 오국두성에 이르니 아이들을 데리고 온 사람들이 많이 있다. 아마 국경절 연휴에 아이들에게 역사 교육에 대한 흥미를 가지게 하려고 왔는지도 모르겠다.

어찌 보면 이란은 슬픈 역사의 도시였는지도 모른다.

다시 송화강변을 따라 가면 쨔무쓰佳木斯를 만난다. 쨔무쓰는 흑룡강성 동부의 최대도시이다. 흑룡강성은 내륙으로는 내몽고와 경계를 이루며 흐르는 넌쟝이란 강이 남으로 흐른다. 또 하나의 강은 백두산(장백산)에서 발원하여 남에서 북으로 흘러가는 송화강이 있다. 이 두강이 서로 만나 송화강이란 이름으로 내륙을 적시며 하얼빈과 쨔무쓰를 지나 동으로 흘러 흑룡강을 만난다.

쨔무쓰는 세 개의 강이 합쳐지는 곳이라 하여 삼강병류의 도시라고 한다. 세 개의 강이란 흑룡강, 송화강, 우수히강을 말한다.

쨔무쓰를 비롯한 삼강평야의 모두가 예전에는 '북대황'이란 이름으로 자연 속에 묻힌 아무 쓸모가 없는 황무지에 불과했다. 그 시기가 지금으로부터 60년 전의 이야기다. 이때만 해도 허허벌판에서 사람들은 자연 속에서 살면서 숲에서 나오는 동물과 함께 살기도 했고 때로는 두려워하기도 했던 시절이다. 토끼, 개, 사슴 등과는 친하게 지냈을 것이고 늑대, 곰, 호랑이와는 생사를 겨루어야 했을지도 모른다.

이런 시기에 동북 북대황 개척 운동의 역사가 공산혁명을 타고 일어났다. 이로 인하여 그 당시에 군인들과 국민당군의 포로들 그리고 문화혁명의 주체자인 홍위병의 지식 청년들이 이곳으로 왔다. 슬픈 이야기지만 지식인이나 민주지사들도 강제로 연행되어 이곳으로 와서 황무지를 개척하는 데 동원되었고, 어린 학생들도 이곳으로 와서 일을 하다 정착하여 인구 이주 정책도 자연스레 해결되었다는 이야기도 있다.

그리고 그 당시 소설 『임해설원』이란 소설이 주는 문학의 영향을 받아 더욱 개척의 의지를 돋우었다. 『임해설원』이란 소설을 영화로 만든 무대가 해림海林시의 위호산성威虎山城에 있는데 글자 그대로 호랑이가 서식하는 동북호림원이라는 관람구도 있다.

이렇게 습지로 있던 드넓은 평야가 지금은 황금들녘의 식량창고로 중국 인민의 식량에 가장 주요한 지역으로 남게 되었다. 쨔무쓰의 송화강변에 있는 옌쟝沿江공원 중심 광장에 가면 건국 10주년 기념탑을 만난다. 이 탑의 밑동에는 사람들의 조각이 새겨져 있다.

이는 중국의 여러 민족의 대단결을 의미하는 형상이라고 한다.

　흑룡강을 따라 여행을 하다 보면 러시아와의 교류가 활발히 이루어지는 곳이 서너 군데 있다. 그중에서도 통쟝同江시가 흑룡강 하류에서는 교역이 활발히 이루어지는 지역이다. 흑룡강성의 강江과 하河를 모두 담은 흑룡강은 그 폭을 최대한 넓힌 모습이다. 수심도 깊어 커다란 배도 오가고 화물선도 분주히 오간다.

　나는 이곳을 오기 전 밍산名山이란 곳에서도 흑룡강의 푸른 물결과 뭉게구름이 떠가는 하늘을 바라보며 여유로운 시간 속에 있었다. 밍산에는 유명한 산이 있는 것이 아니라 그저 지명일 뿐이다.

　하지만 밍산에는 명산도名山島라는 섬이 있다. 삼협삼림공원이라고 되어 있는 섬은 도보로 다리를 건너면 도착한다. 박물관을 들렀더니 지난번에 '공룡의 고향'이라 불리는 쟈인에서 보았던 공룡의 모습을 이곳에서도 거대하게 조성해 놓았다.

　그런데 가끔 놀라는 일을 겪기도 한다. 이곳 흑룡강성에서 박물관을 들르면 지도상에 철기시대에 등장하는 부여, 옥저, 발해, 고구려, 마한, 동예, 진한이란 이름으로 우리나라 철기시대 부족국가들의 지도가 진열되어 있곤 한다. 고등학교 시절에 배운 익숙한 우리나라 역사 내용이다. 그런데 중국이 과거에 관리하던 영토의 부분들을 표시한 것 같기도 하고 항상 아리송한 맛을 남긴다.

여름의 오랫동안의 비로 강물이 불어 배가 송화강을 건너지 못한다고 한다. 통쟝시를 지척에 두고 먼 길을 돌아 도착했다. 통쟝은 큰 도시는 아니지만 정갈하게 단정된 깨끗한 도시의 인상을 주었다. 통쟝에서 강변을 거닐면 당연히 삼강구三江口라는 곳을 만난다. 여행을 온 중국인들마다 세 개의 강을 이야기하지만 모두가 확실한 답을 이야기하고 있는 사람은 없어 보였다.

나 역시 그들에게 우스갯소리로 밍산에는 유명한 산이 없고 통쟝에는 강이 없다고 말했더니 모두가 웃는다. 그런데 찌에진커우街津口라는 허저족赫哲族(혁철족)민족촌의 박물관에 진열된 지도에서 혼통쟝混同江이란 명칭을 보았다. 이를 보고 나는 삼강구라는 것이 흑룡강, 송화강, 혼통쟝을 말하는 것이라고 굳게 믿었다. 굳이 이런 것을 알 필요가 있느냐고 하겠지만 무조건 알지도 아니 살펴보지도 않고 지나치는 것도 또한 배움의 자세가 아니다.

이곳 통쟝까지 왔다면 당연히 가 봐야 할 곳이 있다. 흑룡강성에 사는 소수민족으로서 인구수가 가장 적다는 허저족赫哲族이 사는 마을이다. 이 마을은 찌에진커우라는 곳에 있는데 그나마 허저족이 많이 주거하고 있는 지역이다.

예전에 우수리강변에 위치한 라오허饒河현을 갔던 적이 있다. 택시기사가 정원 같은 아담한 허저족 박물관을 데려다 주면서 현재

남아 있는 허저족이 백 명 정도라고 하는 말을 듣고 무척 마음속으로 안타까워했던 기억이 있다.

아침 일찍 찾아간 마을에 허저족문화촌이라는 풍경구가 있다. 숲속으로 난 나무계단을 따라 산책하듯 걸어 돌아 나오는 곳에 허저족 박물관이 있다. 마침 허저족의 촌장 어르신으로 보이는 할머니가 전통 복장을 입고 여행자들을 박물관으로 안내하고 있다. 할머니는 허저족 5천여 명이 이곳 흑룡강성 동부 지역에서 살고 있다고 한다. 지난번에 들었던 백 명 정도의 허저족은 아마도 라오현에만 살고 있는 사람들을 말한 것을 잘못 이해했던 것 같다.

중국에서 56개 소수민족이 살고 있는데 또 하나의 소수민족이 있다고 한다. 그 민족을 월광족月光族이라고 한다. 이 말은 장래의 희망이 없어 돈을 벌면 매월 번 돈을 다 소비해 버린다는 의미다. 웃기는 이야기지만 한편으로는 씁쓸한 사회 현실이기도 하다.

찌에진커우의 허저족문화촌

박물관에 전시된 사진들을 보면 할머니의 모습이 가끔 나타난다. 작년에 시진핑習近平 주석이 삼강평야를 다녀가면서 이곳도 들러 할머니와의 기념사진도 남겼다.

사실 이 허저족은 어렵과 수렵생활로 살아온 민족이다. 특히 박물관에 진열된 물고기의 비늘로 만든 옷이나 신발들을 보면 특유의 민족성을 가진 사람들이란 생각이 든다.

박물관을 나오니 허저족의 전통공연을 준비하고 있다. 여행자는 30명 정도인데 공연 연출자 역시 30명 정도 되어 보인다. 잠시 후 노래와 춤의 공연이 시작되었다. 아주 적은 손님 앞에서도 공연의 모습은 진지하게 느껴졌다.

어느 해 여름이다.

흑룡강성을 자주 다니다 보니 언제 보았는지 특별히 기억을 해내기가 어렵다. 실상은 언제가 그렇게 중요한 일도 아니다. 중국을 여행할 때는 나름대로 일정과 루트에 대해서 계획을 세운다. 하지만 여행을 하다 보면 내가 알지 못했던 풍경구도 있고 우연히 맞이하는 특별한 행사도 만난다. 이럴 때는 하루 이틀 정도는 더 지체하기도 한다.

또 때로는 일기의 불순으로 가고자 하는 목적지를 포기해야 하는 경우도 생긴다. 이러한 상황에서는 계획을 변경하지 않을 수가 없다. 그 이후로는 여행에 너무 세밀한 계획은 세우지 않는다. 더 머물기도 하고 서둘러 떠나기도 하는 이런 일들이 나만의 자유로운 여행을 만끽하게 한다.

이렇듯 여행을 하다가 우연히 어원커鄂溫克족의 춘절인 '써빈지예

瑟賓节'라는 축제가 성대하게 열린다는 말을 들었다. 이 축제를 보기 위해 너허讷河라는 도시 근교의 작은 역인 라허拉哈에서 내려 하루를 묵고 아침 일찍 씽왕兴旺의 바이루百路라는 곳으로 향했다. 이곳은 백 가구 정도가 사는 아주 작은 마을이다.

이 흑룡강성의 소수민족은 어원커족, 어륀춘족, 다월족, 몽고족, 허저족, 그리고 조선족 마을도 곳곳에 있다. 조선족, 몽고족은 인구가 그나마 많지만 다른 소수민족은 수천에서 만 명 정도라고 한다.

어원커족은 주로 삼림 지대에서 순록을 키우며 수렵 생활을 하던 민족이다. 이들의 조상은 러시아의 시베리아에서 살면서 흘러온 유목민이라는 말도 있다. 중국 정부에서 이주 정책을 시행하면서 가까운 마을에 주택을 만들어 무상으로 제공했다. 하지만 지금도 삼림 숲속에서 자작나무 껍질로 만든 원뿔형의 천막에 기거하면서 순록을 키우며 살아가고 있는 사람들도 많이 있다.

또 한번은 치치하얼에서 멀지 않은 메이리쓰梅里斯라는 곳에서도 다월족达斡尔族의 소수민족 축제를 접할 수 있었다. 다월족의 '쿠무라지예库木勒节'라는 축제로 메이리쓰의 하라신촌哈拉新村이란 곳에서 행사가 열렸다.

이 두 소수민족의 축제는 지난번에 출간한 『드넓은 평원 흑룡강성 초원의 땅 후룬베이얼』이란 저서에서 상세하게 기록해 두었다. 물론 축제의 즐거움은 말할 나위도 없지만 '써빈지예' 축제에서는 저녁에 '꺼우훠篝火(모닥불)' 행사를 하려다 갑작스러운 비를 만나 촌장의 집에서 하루를 묵었던 기억이 새롭다.

다월족의 쿠무라지예 축제에서는 여름이지만 강한 바람을 맞으며 추운 텐트 속에서 힘겹게 하루를 보낸 기억도 지울 수가 없다.

이렇게 새로운 이야기를 만들어 주는 여행은 고달파도 언제나 마음을 풍요롭게 해 준다.

특히나 공연이 잠시 쉬는 점심시간에는 많은 솥에서 양고기가 끓여지고 있다. 경운기로 싣고 오는 고량주와 맥주 그리고 음식들이 식탁에 올라온다. 푸른 초원에 길게 펼쳐진 탁자를 따라 사람들은 자유롭게 다니면서 술과 음식을 서로 나눈다. 이렇게 축제를 찾는 사람들에게는 또 하나의 음식 축제라 할 만하다. 공연을 하는 사람이나 관람하는 사람 그리고 치안을 유지하는 경찰들 모두가 소수민족의 축제를 함께 즐기고 있다.

허저족문화촌을 나왔다. 잠시나마 촌장 어른의 할머니 배웅을 받았다. 마을의 식당에서 먹은 '우미어牛尾魚'라는 별미의 물고기 맛도 기억의 보따리 속에 챙겨 두었다.

이제 흑룡강성의 최대 벼 생산 산업 지역인 삼강평야를 찾아간다.

중국에서 농업 생산의 산출량이 가장 많은 지역이 동북 삼성이다. 이 중에서도 흑룡강성의 중남부 농업 생산 단지는 중국 국민의 3개월 자급 능력을 갖추고 있다. 이 광대한 삼강평원의 면적은 우리나라 남한보다도 더 크다. 삼강평원은 토질이 유기질이 많은 질참흙으로 벼농사에 매우 적합한 토양이다.

나는 삼강평원의 중심지로 대두의 고향이라고 불리는 푸진富錦시를 지나 찌엔싼장建三江이란 곳으로 향했다.

찌엔싼장 농업과기원

찌엔싼장이란 농간국農墾局이 있는 작은 지역이다. 이곳은 15개의 농장이 있는데 찌엔싼장은 칠성농장에 위치한다. 내가 갔을 때는 마침 국경절을 며칠 앞두고 있었다. 70주년 건국일 행사를 앞두고 터미널 광장에서는 각 현급이나 쩐급의 마을 주민들이 와서 공연을 준비하고 있었다. 아니 혹시 가을 추수를 앞두고 풍년을 축하하는 행사를 하려는 준비인지도 모르겠다.

또한 찌엔싼장은 식물원과 농업과학원이 잘 갖추어져 있어 이곳만을 둘러보아도 이곳의 농업 발전사를 한눈에 볼 수 있다. 광장에 조성된 식물원은 하나의 정원이고 공원이다. 과학원에 들르면 열대식물원이 갖추어져 있고 바나나가 주렁주렁 매달려 있는 것이 특히 인상적이다. 원예작물인 꽃과 열매채소들도 훌륭한 시설 아래 무럭무럭 자라고 있다. 과학원 주변의 넓은 들녘으로는 벼 품종을 관찰하기 위한 시험 재배가 이루어지고, 구획 지어진 일정한 토지에는 각종 이름 모를 야생초들이 자라고 있다.

자연과학을 공부하는 사람이라면 생명의 신비에 대한 의구심을 한 번쯤 품어 보기도 한다. 씨앗이 가지고 있는 함축된 생명이 토양에서 물과 양분을 얻으면서 발아하고 성장해 가는 현상에 경이로움을 느끼지 않을 수가 없다.

생명의 탄생과 소멸은 우리 인간이나 식물 모두가 다르지 않다. 어느 교수가 식물과 인간의 차이점을 말한 이야기가 인상 깊게 느껴졌다. 생리적인 면에서 식물은 아래서 먹고 위로 배출하지만, 인간은 위에서 먹고 아래로 배출하는 것 외에 다른 것이 없다고 한다. 재치 있는 강연이었다는 생각이 들었다.

몇 명의 손님 앞에서 농장의 현황을 설명하고 있는 곳으로 갔다. 농장 소개 현황판에는 중국 최고 지도자 시진핑 주석이 작년 2018년 9월 25일에 다녀갔다는 사진이 크게 붙어 있다. 어쩌면 내가 간 2019년 9월 27일과 꼭 일 년 차이라는 것이 아쉽다는 생각이 들었다.

중국 대륙의 최고 지도자가 다녀간다는 것은 엄청난 국가의 은혜일 거라는 생각이 들었다. 이렇게 소개하고 있는 찌엔싼쟝이야말로 진정 '북대황北大荒'의 자존심이라고 말하고 있는지도 모른다. 그리고 이곳이야말로 송화강이 준 최고의 선물이라는 생각이 떠나질 않았다.

일본군이 만주를 점령하고 끝까지 항쟁한 이유가 있다. 바로 이 넓은 곡창지대를 잃어버리고 싶지 않았던 것이다. 그만큼 이곳 황무지를 개발하여 생긴 농토는 그 당시 무한한 식량의 보고였다는 것을 증명한다.

흑룡강성 북쪽 모허현에 황금광산이 있다면 이곳 송화강이 흐르는 삼강평야에는 황금평원이 있다. 이곳에서 멀지 않은 곳에 비

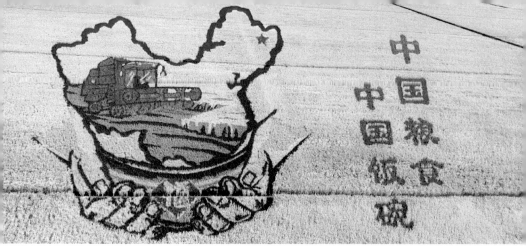

찌엔싼장 도화도

행장이 있다. 비행장의 이름부터 '습지비행장'이라고 쓰여 있다. 이 정도로 황무지였던 삼강평야를 황금들녘으로 만들어 놓은 이들의 의지에 감동을 느끼지 않을 수 없다.

또 끝없이 펼쳐진 황금물결의 벼가 바람결에 흔들리고 있을 때는 마음에서 일어나는 흥분의 물결 그 자체일지도 모른다. 벼 생산 단지에 도화도稻畵圖라고 하는 무늬가 눈에 들어왔다. 중국지도 안에 농작업기가 있고 '中国粮食 中国饭碗'란 글씨의 무늬가 보인다. 이 말의 의미는 쉽게 의역하면 우리나라에서 말하는 '농자천하지대본農者天下之大本'이란 말이라고 하면 틀리지 않는다. 이밖에도 각종 농기구 그리고 애완용 동물의 무늬도 만날 수 있다.

또 벼 재배 단지에 '天上北斗 地上七星'이란 글이 도화도로 쓰여 있다. 지금 이 상황과 절묘하게 들어맞는 말이다. 천상에 북두가 있고 이곳 지상에 칠성농장이 있다는 말로 북두칠성이란 별자리의 의미도 부여해 놓았다.

아침에 들녘에 농기계가 들어가고 있다.

오늘 수확하는 작업이 이루어질 거라고 한다. 다행히 좋은 경험을 할 것이라고 기다리고 있는데 경찰차들이 길에 멈추어 선다. 그러더니 몇 안 되는 관람자들을 논에서 내보내고 있다. 나에게도 다가오더니 죄송하다는 말을 되뇌면서 나가 달라고 한다. 더욱 궁금하여 길에서 시간을 소비하며 기다리고 있었다.

시간이 어느 정도 흘렀을까? 여러 대의 버스와 검은색의 자가용들이 오더니 많은 사람들이 차에서 내렸다. 이들이 논에 들어가니 여기에 맞추어 벼 수확 작업 시연을 선보이고 있다. 당 간부의 참관 아래 이루어지는 이런 활동은 여러 번의 여행을 통해서 쉽게 짐작할 수 있다.

밝고 따가운 햇살 아래 들녘의 노랗게 익은 벼들은 갈바람에 춤을 추고 있다. 광활한 황금들녘 한가운데를 차를 타고 지나면 거리의 원근을 잃어버린다. 조금만 있으면 수확기를 맞는다. 현지인의 말에 의하면 올해는 10월 10일 전후로 보름간 수확이 이루어진다고 한다.

여러 대의 대형 콤바인이 들판을 이발하듯 지나간다. 나는 농과대학을 졸업했다. 내가 대학을 다닐 때도 손으로 모내기를 하고 낫으로 수확하던 시절이었다. 그 당시에 대학에서 벼 수확기인 콤바인이 견본으로 들어와 농업 기관 및 대학에서나마 구경을 할 수 있을 정도였다.

한번은 연수차 벼농사에 대한 강의를 들은 적이 있다. 벼 한 포기를 두고 천지인天地人이라는 화두를 꺼내며 강의를 하던 교수의 강의 내용이 참으로 우습기만 했다. 몇십 년은 우려먹었을 낡아빠진 차트를 앞에 두고 들어야 했던 강의가 지금도 미워진다.

이제 벼농사 지역으로 중국에서 가장 넓은 한 뙈기 땅을 찾아 떠난다. 나는 5년 전에 운남성 위엔양티티엔元阳梯田이라는 계단식

다락논을 찾아간 적이 있다. 이때는 조밀하게 붙어 있는 논의 형상을 보고 놀란 적이 있었다.

지금은 한 뙈기의 땅으로 가장 넓은 벼 재배 단지가 있다는 곳으로 간다. 이곳은 찌엔싼쟝의 15개 농장 중 가장 멀리 떨어진 곳인 알따오허二道河라는 농장에 위치한다. 이곳을 가기 위해서는 칠성농장에서 버스로 두 시간 이상을 가야 한다. 끝없이 펼쳐진 황금의 들녘을 지나는 동안 나는 많은 생각이 오갔다.

우리나라 호남 지방에서나 볼 수 있는 드넓은 곡창 지대를 여기서는 어디를 가도 쉽게 접할 수 있다. 천자문의 '天地玄黃(천지현황)'이라는 첫 구절이 생각난다. 천지현황이란 하늘은 어둑하고 아득하여 알 길이 없고, 땅은 태초의 누런 황색을 근본으로 말한다는 뜻이라고 한다.

알따오허의 벼 재배 단지

나는 평생 농업을 가르치는 농업 교사로 지냈다. 어쩌다 교직 말년에는 학교에서 벼농사를 지어 보는 기회도 있었다. 게다가 아내가 사 놓은 답畓에서 벼농사를 짓기도 했다.

한번은 우스운 일이 있었다. 아니 부끄러운 일이기도 하다.

여름 휴가철에 중국 여행을 하고 돌아오면 주변 다른 집들의 논은 깔끔하게 잘 정리가 되어 있었지만 나의 논은 늘 피와 잡풀로 무성했다. 주변의 농사짓는 사람들이 나의 논을 두고 '이 논의 주인이 농고 선생이래', '그런데 농업 교사라고 하더라고', '더 놀라운 건 학교에서 벼농사를 짓고 있다네'라고 말하는 불편스러운 뒷얘기가 들려왔다.

나는 귀국 후 제일 먼저 예초기를 가지고 사나흘 정도 서둘러 논둑을 정리하고 논의 잡풀을 정리했다. 매일 이렇게 정리를 하고 나니 마음이 편안했다. 힘들게 일한 후에 수확의 결실을 맛보는 것이 어쩌면 농민의 꿈이 아닐까 하는 생각도 스쳐갔다.

또 한번은 학생들을 데리고 모내기 봉사활동을 간 적이 있었다. 교직 초임 때는 이앙기라는 모내기 기계가 보급되지 않았던 시절이다. 논에 들어가 못줄을 옮기면서 많은 학생들이 줄을 맞추어 심어 가는 것이다. 학생들은 모내기가 끝나면 주인이 주는 간식으로 받은 빵을 들고 무척 좋아했다. 나 역시 농촌의 넉넉한 인심에 맛있는 점심을 먹었다.

모내기를 하는 도중에 할아버지가 천천히 논둑길을 걸어 내게로 오셨다. 그러면서 수고하신다고 담배 두 갑을 내 주머니에 넣어 주셨다. 몇 번의 사양을 보였지만 할아버지의 간곡한 성의를 이기지 못했다. 학생들이 보기에 부끄러웠지만 아이들은 전혀 내색을 하지 않았다. 지금 학생들의 의식과 너무 멀리 떨어진 그 시절이 오히려 더 그립게 느껴진다.

치엔찐前進과 홍허洪河를 지나 도착한 알따오허는 어두워지기 시작하고 거리에 사람들도 보이지 않았다. '알따오허농장활동센터'라고 쓰여 있는 건물 앞 광장을 배회하다 숙소로 들어왔다.

다음 날 아침 봉고차를 섭외하여 가장 넓다는 농장을 찾아갔다. 날씨는 약간의 구름에 흐렸지만 비가 올 날씨는 아니었다. 바람도 가볍게 부니 황금의 들녘이 파도처럼 노란 물결을 이룬다.

차에서 내리니 길가의 커다란 비석에 '万亩大地号'라고 쓰여 있다. 중국에서 말하는 토지의 단위인 '1亩'는 쉽게 말해서 약 200평에 해당한다. '만亩'이라고 하면 2백만 평이다. 한 떼기의 벼농사 지역이 이렇게 넓다는 것이 상상이 가지 않았다.

운전기사는 예전에 만무万亩라는 벼농사의 넓이가 이제는 실제로 16,500무로 넓어졌다고 하면서 더욱 나를 놀라게 한다. 게다가 찌엔싼쟝의 벼 재배 면적이 총 1,100만무라고 하니 더 이상 할 말을 잃을 정도다.

하지만 이렇게 농업관리국하에 재배되는 대단위 농지는 국가의 생산물로 관리되고 있다.

끝이 보이지 않을 뿐만 아니라 아주 저 멀리 보이는 방풍 역할을 하는 나무가 보이지 않는다면 노란 바다로 기억될 만하다. 노란 지평선이 마치 혼돈의 문명 속에 세워진 모든 형상들을 말끔히 정리해 놓은 태초의 시기를 말하고 있는 듯하다.

영글어 가는 벼이삭이 고개를 숙이듯 성숙한 인간은 고개를 숙인다. 욕심이 정상에 서면 반드시 화근을 만난다. 엄동설한에 산 정상에 오르면 강한 바람을 여과 없이 맞는다. 차라리 8부 능선쯤 오목한 바위 틈새에 숨어 기대고 있는 것이 삶을 오래 도모할 수가 있다. 고개 숙인 벼이삭이 그렇게 말하고 있는 것만 같다.

논둑길을 걷다 보면 가끔씩 아름다운 벗을 만난다. 이곳에서 새
끼를 기르며 서식하는 새들이 황금들녘의 창공을 날아오르곤 한
다. 때로는 나를 멀리하기도 하지만 다가오는 새들에게는 바닥에
과자 부스러기라도 놓아 주고 떠났다.

여우이 현대농업박물관

아쉬운 찌엔싼쟝의 황금들녘을 떠나 여우이友谊로 향했다. 찌엔
싼쟝에서 또는 쨔무쓰에서 차로 두 시간 정도를 가면 여우이현이
라는 도시를 만난다.

이곳에 '북대황농기박람원'이라는 곳이 있다. 농업현대화과정에
대한 농기계의 변천사를 호수를 끼고 숲속에 하나하나 해설을 달
아 전시해 놓았다. 매년 많은 농기계 관련자들이 이곳을 찾는다고
한다. 부연해서 치치하얼에서 멀지 않은 곳에 간난甘南이란 곳이
있다. 이곳의 홍십사촌兴十四村이란 마을은 농가 주택이 현대식 2
층 테라스 가옥 구조를 가진 건물로 한 채마다 숲의 정원 속에 있

는 조용한 전원마을이다. 최신식 농업 기술을 도입한 흑룡강성 최고의 농업 기술 지역이라고 한다. 여기서 조금만 더 가면 아롱치阿榮旗라는 곳에 지야타이吉雅泰농장도 일반인들에게 잘 알려지지 않은 훌륭한 농업 시설을 갖추고 있다. 이렇게 여행을 하다 보면 우연히 아주 작은 마을 마을마다 알려지지 않은 아름다운 농촌 마을을 도처에서 볼 수 있다.

우창五常으로 향했다.

우창은 중국에서 미질米質이 최고로 좋다는 벼가 생산되고 있는 곳이다. 그래서 '桂林山水甲天下(계림산수갑천하)'란 말이 있듯이 '五常大米甲天下(오상대미갑천하)'란 말이 있다. '우창의 쌀이 천하에서 제일이다'라는 의미다.

게다가 우창에서 생산되는 벼의 품종이 도화향稻花香이란 것인데 벼에서 향기를 느낄 수 있다고 한다. 오죽하면 이곳 사람들은 찌엔싼쟝의 쌀이 이곳으로 와서 우창 쌀로 둔갑을 한다고 말한다. 그만큼 우창의 쌀은 중국 전역에서 그 품질을 인정받는다. 가격도 다른 곳에 비하여 높게 매겨지는데 농가에서 인민폐로 벼 한 근이 3원, 쌀로는 7~8원, 상점에서는 12원에 거래된다.

특히 우창에서도 민러民乐라는 지역과 남쪽으로 버스를 타고 1시간 정도 걸리는 곳에 용봉산이라는 지역이 유명하다. 용봉산에는 일찍이 조선족이 들어와 생활을 하면서 벼농사를 짓고 살았다. 유달리 맛이 좋아 한 가정의 아버지가 벼 재배에 대한 기술을 아들에게 가르쳤다. 하지만 장남은 관심이 없어 외지로 나가고, 둘째 아들이 아버지의 재배 기술을 이어받아 지금의 '도화향2호'라는 벼 품종을 개발했다고 한다.

우리는 삶을 통하여 항상 선택이라는 단어에 직면하게 된다. 사소한 선택의 문제는 하루에 수십 번도 넘을지 모른다. 그리고 중대한 일도 종종 우리 앞에 맞닥뜨리기도 한다. 하지만 인생에서 딱한 번 찾아오는 일에 대한 선택은 내 운명을 결정짓기도 한다. 그결정이 내 의지로 되는 것이라면 기회가 될 수도 있고 후회가 될수도 있다. 그러나 내 의지와 관계없이 찾아오는 운명 앞에서는 모든 것을 인내할 수밖에 없다.

내가 이 글을 쓰는 이유가 있다.

우리 젊은이들이 청춘의 시기에 나름대로 분명한 꿈과 희망을갖고 노력하는 사람이 얼마나 있을까? 자기가 바라는 미래의 희망이 이루어지는 사람은 과연 또 얼마나 될까? 게다가 그 목표를 이루었다고 해서 만족하고 행복해하는 사람은 또 얼마나 될까?

우창 벼 품종 개발 시험지

나 역시 젊은 날 분명한 목표나 장래의 꿈 그리고 미래에 대한확신할 만한 계획도 세워 본 적이 없다. 대학을 선택하고 직업을 선택하는 일들이 모두 내 의지로 이루어진 것은 아니다. 돌이켜보면 참으로 한심했고 위험했다는 생각을 지울 수 없다. 하지만 이제 일손을 놓은 늙은이로서 뒤를 돌아보면 부끄럽거나 후회스럽다는 생각도 없다.

올해는 딸이 아들을 낳았다. 외손자가 태어났다는 말이 반갑게 들리지 않는 한 가지 이유가 있다면 나의 늙어 가는 모습이 서럽게 다가오기 때문이다. 거울 앞에서 오랜만에 나의 얼굴을 자세히 들여다보았다. 이마에 생긴 주름살, 눈 아래 처진 눈두덩이, 목의 주름 등 곳곳에서 인생의 퀴퀴한 체취가 묻어나온다. 사람들은 인생의 경륜이라고 위로를 하지만 아무리 보아도 살아온 인생의 찌꺼기라는 생각이 떠나질 않는다.

꿈과 희망이 있는 삶도 중요하지만 언제든 어떤 형태로든 다가올 미래에 마주할 준비를 소홀히 하지 않는 자세가 더 중요하다고 생각한다. 무더운 여름 뒤에 오는 저 누런 황금빛 들녘이 낳은 결실처럼 인내하고 기다리는 삶을 배워야 한다. 나의 노년을 더욱 아름답고 풍요롭게 만들어가기 위해서라도….

아울러 이곳 삼강평야의 벼 재배 기술도 우리 조선족이 많이 전수해 주었다는 말도 있다. 용봉산에는 규모가 큰 저수지가 있는데 이 저수지의 물을 이용하여 벼를 재배한다. 과연 벼의 품질이 좋은 이유가 물에 있는 것인지 토양에 있는 것인지 아니면 이곳의 자연적 기후에 기인하는 것인지 알 수가 없다. 아마 이 세 가지 조건이 모두 잘 갖추어진 결과라고 믿어주고 싶을 뿐이다.

수확이 거의 끝난 시기에 집집마다 벼를 말리느라 분주하다. 집 앞의 마당이나 농로에 벼를 널어놓고 갈퀴 같은 도구로 가끔씩 벼를 헤집으며 지나간다. 볍씨를 자세히 보니 약간 길쭉하고 가는 형태를 보인다. 논에서는 마지막 남은 벼를 수확하느라 콤바인이 바쁘게 움직인다. 우리나라와 다른 작업은 콤바인이 수확한 벼를 자루에 담지 않고 곧 바로 트랙터의 트레일러에 싣는 것이다.

넌쟝을 따라 내려간 치치하얼 남쪽에 타이라이泰來현이 있다. 이곳 쌀의 품질도 좋아 치치하얼 사람들은 이곳 쌀을 많이 찾는다. 그리고 벼 재배에 종사하는 사람들이나 연구기관의 직원들도 타이라이를 찾아 품종 개발에 대한 연수를 하러 온다고 한다.

흑룡강성에는 따씽안링의 삼림 속에 우뚝이 솟은 대백산이 있다면 남쪽에는 장백산 지류 끝자락에 우뚝 솟은 봉황산이 있다. 이곳을 가려면 하얼빈에서 남쪽으로 두 시간 걸리는 우창이란 도시를 거친다.

우창에서 버스를 타면 싼허山河, 싸허즈沙河子라는 작은 마을들을 지난다. 버스는 관광버스가 아닌 이곳 주민들을 위한 생활버스이기 때문에 마을에 도착할 적마다 하염없이 승객을 기다린다. 마을에 장이라도 서면 더욱 승객을 기다리는 시간이 길어진다. 길을 가다가 점심때가 되면 운전수는 버스 뒷좌석에서 식사를 하기도 하는데 승객들은 전혀 불평을 하지 않는다.

여행사 단체가 아닌 개인으로 여행을 온다면 이렇게 불편스러운 상황을 겪게 되지만 이 또한 여유로운 시간을 느낄 수 있는 여행이기도 하다. 버스가 마을에 도착하면 장을 서성이며 사람 사는 맛도 느끼고, 버스를 타면 가을 들녘에 베어 놓은 볏단이 올망졸망 펼쳐져 있는 풍경을 즐긴다.

봉황산은 흑룡강성의 최고 명산으로 특히 두견화가 피는 봄여름에 찾는다면 더욱 좋은 곳이다. 흑룡강성의 드넓은 평원 속에 우뚝 솟은 이 산은 중국 남부의 어느 명산에 못지않게 그 위용을 자랑한다.

이 명산에 들어서면 적어도 이틀은 소비하며 산행을 즐기게 된다. 하루는 해발 1,690m의 '공중화원'이라는 곳을 찾아 떠나고, 하루는 깊은 대협곡의 힘든 계단길을 걸어야 한다.

풍경을 만나기 위해서는 풍경구 내의 전동차를 타고 한참을 들어간다. 산길을 오르는 곳에서는 그 높이에 감탄하고 울창한 삼림을 지나는 곳에서는 숲의 그윽한 향기에 취한다.

가을에 간 나는 아름다운 두견화 꽃은 보지 못했다. 하지만 우거진 억새풀과 백색의 자작나무 군락과 작게 자란 침엽 소나무 종류가 푸른 가을 하늘 아래 아름다운 자태를 자아낸다.

수많은 관광객으로 인하여 줄을 서서 힘겹게 표를 사고 전동차를 기다리고 오른 정상에 서면 모든 번거로웠던 수고를 말끔히 보상받는 기분을 가진다.

대협곡을 가는 날은 아침에 우비를 준비했다. 협곡에 들어서니 가끔씩 나타나는 폭포가 발길을 잡는다. 일곱 개의 폭포를 지나면서 놀라운 것은 정상 어디에 분수처럼 솟아나는 물길이 있는 것만 같았다. 게다가 비가 내리니 가지마다 빗방울이 조롱조롱 매달려 아름다운 구슬 향연을 보는 듯하다.

해발 1,160m의 '錦綉山河(금수산하)'라 쓰여 있는 정상에서는 10월 초순에 눈을 만끽하는 설경도 맛보았다. '錦綉山河'의 뜻은 정상에서 바라다보는 산하가 비단을 수놓은 것 같다는 의미다. 그만큼 봉황산이 아름답다는 표현이다. 이렇게 시월 초순에 눈을 만난다는 것은 보기 드문 기상 이변이라고 한다. 여행의 행운이라는 즐거운 마음으로 산길을 내려왔다.

봉황산 공중화원 정상

정말인지는 몰라도 1994년 이 봉황산에는 어느 별나라에서 온 UFO(미확인비행물체)가 다녀 간 흔적도 있다고 한다. 중국인의 허풍스러운 이야기를 이곳 산에서도 만날 수 있다. 칼을 쥐고 대나무 숲을 날면서 싸우는 중국 무협 영화 속의 여인들을 만나는 것처럼….

나는 산을 찾을 적마다 이런 생각을 떠올린다. 문명의 존재와 가치는 수시로 변할 수 있어도 자연은 늘 변함없이 그 자리에서 우리에게 다가오는 것 같다. 그래서 한편으로는 화려한 여행을 꿈꾸어 보지만 항상 자연의 숭고함과 은혜로움을 잊지 않는다.

송화강을 따라 여행한 삼강평야의 넓은 곡창 지대만큼이나 너그러운 시간을 찾아 떠난 여행이었다.

Part 9

우수리강乌苏里江을 따라서

하얼빈에서 쉐이펀허綏芬河를 가는 기차에 올랐다. 동북삼성의 북·중 경계의 두만강과 압록강을 다녀 보고 싶었다. 우리나라에서 어쩌다 뉴스를 보면 북한 사람들이 강을 넘어 탈북을 한다는 소식을 가끔 접한다. 훈춘琿春으로 가기 위해서는 이렇게 쉐이펀이란 도시를 경유하는 것이 가장 빠르다고 한다.

중동철도의 최동쪽인 쉐이펀역은 러시아와 물자 교역이 활발히 이루어지는 무역도시다. 중동철도는 동쪽의 쉐이펀역에서 내몽고 후룬베이얼 지역의 만저우리滿洲里까지의 흑룡강성 남부 횡단 철도를 말한다. 이 철도는 러시아가 건설한 것으로 역이 있는 큰 도시들은 러시아풍의 건물을 볼 수 있다.

기차에 사람들이 그렇게 많지 않았다. 아미도 종점인 쉐이펀허가 가까워졌다는 기분이 들었다. 이곳의 주변 환경은 흑룡강성의 평원이나 삼림 지역과는 달리 우리나라 농촌의 아담한 산촌 지역과 아주 흡사하다. 아주 높지 않은 산 속에 수십 여 채의 집들이 농촌의 마을을 구성하고 있다. 어쩌면 우리나라와 가까이 있는 지리적 영향 때문일지도 모른다.

역에 내리니 무역의 도시답게 역 앞에서 짐을 챙기는 러시아인들을 자연스레 만날 수 있었다. 그들은 잠시 남아 있는 시간을 이용해 역 앞에서 공놀이도 즐기고 있다. 출입국관리소인 커우안口岸

흑룡강성 쉐이펀역

에 길게 늘어선 상점들은 러시아 상품들로 넘쳐나고 있다. 주로 망원경, 플래시, 칼 등 군사용품으로 쓰이는 소품들이 많았다. 이제 흑룡강을 뒤로하고 길림성의 훈춘으로 가는 버스에 올랐다.

동북을 여행하면서 북한과 중국의 국경을 이루고 있는 두만강과 압록강 변을 걸었다. 평생 직업이었던 교편 생활을 마무리하고 여행을 다닌 곳이 이곳 동북삼성이다. 처음 중국 동북으로의 여행은 왠지 불안한 마음이 들었었다. 지리적으로 북한과 가깝고 북한 노동자들이 생활하고 있다는 인상이 더욱 그렇게 느끼게 했다.

처음 동북을 여행할 때 두만강과 압록강을 따라 단둥丹东까지 내려가면서 국경의 북한 마을들을 보았다. 6년 전 아내와 두만강 투먼图们에서 뱃놀이를 즐겼던 기억도 스쳐갔다. 이번에 와서 만나는 압록강의 북·중 경계의 도시인 린장临江시와 마주한 중강진, 지안集安시와 마주한 만포시, 단둥丹东과 마주한 신의주 모두가 나에게는 슬픈 그림이었다.

우리나라에서 겨울이면 최고로 춥다는 강변의 중강진 5층 건물들 유리창의 유리는 하나도 보이지 않았다. 두 명의 아줌마가 강변에서 빨래를 하고 국경을 지키는 초소의 병사는 더위에 졸고 있다. 자그마한 학교 건물에는 '지덕체'라고 쓰인 글귀 아래 '경애하는 김정은 장군님의 참된 아들딸이 되자!'라는 문구가 쓰여 있다.

보트를 타고 북한 국경 가까이 이르러 낚시를 하는 주민에게 많이 잡았느냐고 물었다. 그가 어디서 왔느냐고 묻기에 한국에서 여행을 왔다고 하면서 스쳐지나갔다. 방학을 맞은 아이들도 바위 틈새를 돌며 고기를 잡고 있었다. 압록강을 따라 한 떼의 뗏목 무리가 지나는 모습이 중강진의 현재였다.

지안에서 본 아침의 만포시는 차는 보이지 않았다. 출근을 하는 사람들인지 둑길을 따라 자전거를 탄 행렬이 줄지어 지나갔다. 가끔은 리어카와 소달구지도 지나는 압록강 변에 비쳐진 만포시 변두리의 모습이었다. 단동에서는 어둠 속의 화려한 단동시와 전깃불 하나 비추지 않은 어둠의 신의주를 슬픈 마음으로 보았다.

이제는 중국 동쪽에 위치한 러시아와 국경을 이루는 강을 만나러 간다. 이 강은 연해주의 중러 경계를 따라 북으로 흐르는 우수리강이다. 2015년부터 세 번이나 동북 여행을 하면서 들러 보지 못하여 못내 아쉬웠던 곳이 바로 우수리강이다. 우수리강은 흑룡강성의 씽카이후兴凯湖라는 호수에서 발원하여 중국 최고 동쪽인 푸위엔에서 흑룡강을 만나 러시아의 하바롭스크로 흘러들어간다.

지난여름에 중국 최고 동쪽에 위치한 푸위엔抚远을 여행했었다.

중국 최고 동쪽 푸위엔

그 당시 흑룡강과 우수리강이 합쳐 흐르는 곳에서 강바람을 맞으며 정자의 그늘에서 한가로운 시간을 맛보기도 했다.

2016년 9월 우수리강을 보고자 하얼빈에서 기차를 타고 목단강牡丹江시 방향으로 향했다. 한 번 지나간 길은 지난날의 추억이 있어 그립고, 처음 들르는 곳은 새로운 호기심으로 설렌다. 지난겨울 온 산하가 백설로 변해 있을 때 설향雪乡을 본다고 이곳을 지난 적도 있다.

호랑이 고향이라 불리는 호림원虎林園을 가기 전 위호산성威虎山城이라는 산림 속의 전통 가옥을 다녔다. 마침 대학 진학을 앞두고 삼림을 견학하고 있는 고등학생들을 만나 옛날 가옥과 전시관을 돌아보며 함께 다녔다. 그들은 이곳이 영화 촬영지라고 소개를 한다. 예전에도 영하회족자치구 인추안銀川에서 서부영화청이라는 촬영지를 관람하던 시간이 있었다. 학생들과 함께 오합루五合樓 앞에서 단체 사진을 남겼다.

대학 시절 잊지 못할 이야기가 하나 있다.

나는 'sublimate'라는 단어를 지금도 잊지 못한다. 이 단어는 '승화하다'라는 뜻이다. 1학년 교양 과목의 영어 시간이었다. 교수님이 출석을 부르는데 오지 못한 친구의 호명을 대신 대답했다. 주변 학생들이 웃는 바람에 들키고 말았다. 지금도 그렇겠지만 교수에게 밉보이면 좋은 성적을 기대하기 어려운 시절이었다.

나는 잘못을 만회하기 위해 교수님 과목인 영어를 열심히 공부했다. 그리고 교수님의 질문에 늘 내가 먼저 손을 들었다. 하지만 교수님은 한 달 이상을 나를 바라보지도 않았다. 두 달 정도 지난 후에야 교수님도 마음을 열고 손을 들고 있는 나를 지명했다. 나는 교수님의 질문에 충실히 대답하고 지도에 잘 따랐다.

12월 방학이 다가오고 있었다. 교수님이 수업을 마치고 돌아가기 전 나를 교단 앞으로 불렀다. 교수님은 학생들 앞에서 한 말씀을 하셨다. "이 학생은 sublimate의 길을 걸었다"고…

마지막 수업이었다.

위호산성에서 만난 심림학 전공 학생들

호림원으로 향했다. 200마리 정도의 호랑이가 있다고 한다. 실제로 차를 타고 들어가면 숲속을 자연스레 어슬렁거리며 다니는 야생의 호랑이를 만난다. 고기 덩어리를 던져 주니 훌쩍 낚아채는 모습이 무섭게 다가왔다. 잠시 정차한 차로 와서는 인원 점검을 하듯 두리번거리고는 돌아간다.

출입구 철문이 이중으로 되어 있는 것은 중간에서 호랑이가 따라 나오는 것을 예방하기 위함이다. 걸어 다니면서 관람을 하기도 한다. 내가 철창에 갇힌 것인지 호랑이가 갇힌 것인지 구분이 안 된다. 호랑이는 자유롭게 돌아다니는데 우리 인간은 철망으로 된 통로를 따라 다닌다. 몇 마리가 내게로 다가올 때는 나를 보호하는 철망이 있다는 믿음으로 호랑이를 바라본다. 이후로 잠시나마 삼림을 다닐 때는 호랑이의 울음소리를 들을까 봐 마음을 졸이기도 했다.

목단강시에서 하루를 머문 뒤 가을비가 내리는 속에서 기차를 탔다. 서늘한 날씨였지만 두툼한 옷을 뒤집어쓰듯 덮고 있으니 춥지 않았다. 9월 말인데 벌써 들녘이 황금물결을 이루고 있다. 기차의 차창가로 보이는 풍성한 계절의 순환을 얼마나 더 볼 수 있을까 하는 생각이 슬프게 다가온다.

사람들은 기차에 올라 짐을 정리하면 자랑이라도 하듯 젊은이들은 핸드폰을 테이블에 놓고 영화를 보기도 하고 음악을 듣기도 한다. 나 역시 이어폰을 귀에다 대고 저장해 둔 음악을 즐겨 듣는다.

차창 가를 세차게 때리며 흐르는 빗방울을 바라보면서 선우혜경의 「잊어버린 이야기」란 노래를 흥얼거려 본다.

이 노래를 아는 사람은 극히 적다. 내가 고등학교 시절 비가 내리는 가운데 버스를 타고 가면서 들었던 노래다. 그 당시 조금은 쓸쓸한 이 노래의 가사가 분위기에 딱 어울렸다는 인상이 강하게 남아 배웠던 노래다.

차창 가로 가끔씩 먹장구름이 지나가면 천둥 번개가 평원에서 여과 없이 들려온다. 비로 인하여 습지인지 늪지인지 분간이 가지 않는 들판이 곳곳에서 이어지고 있다. 덜컹거리고 지나가는 기차마다 철길을 양보하면서 달려온 기차는 칠흑같은 어둠속에 묻혀 있는 자그마한 역에 멈추었다. 찌씨鸡西 못미처 있는 리쑤쩐梨树镇이라는 곳이다. 부모님이, 자식이, 친구가, 연인이, 배우자가 우산을 받쳐 들고 마중을 한다. 나는 이들을 보면서 질척거리는 터미널에서 따뜻한 정을 느낀다.

이곳은 지인의 소개로 알게 된 친구가 있다. 기차에서 내리니 친구의 아들이 자가용을 가지고 나와 나를 맞이했다. 집에 도착하니 친구는 문 앞까지 마중을 나왔다. 친구는 몸이 불편하여 밖을 거동하기가 매우 힘이 들었다. 애석하게도 몇 해 전 교통사고를 당하여 지금까지 빠른 쾌유를 보이지 않고 있는 상태다. 친구는 사흘을 머무는 동안 늘 부인에게 나를 위해 각별한 배려를 부탁하기도 했다.

부인은 잠시도 가만히 있지를 않았다. 햇살이 비치면 마당에 널어 놓은 조 이삭을 뒤집어 말리기도 하고, 텃밭에서 채소와 호박 그리고 심어 놓은 포도나무에서 포도를 따오기도 한다. 시간이 나면 손수 만두를 빚기도 하고, 시장에 나가 방금 잡은 큰 물고기와 신선한 버섯을 사와 음식을 준비하기도 했다. 이렇게 집안의 온 일을 도맡아 하면서도 남편에게 아무런 불평의 말도 하지 않았다.

마침 이 친구의 집에 쌓아 놓은 참나무에서 유명한 버섯인 '허우터우꾸猴头菇'라는 버섯이 자라고 있었다. 내가 떠나올 때는 이 버섯을 따서 요리를 해 주었다. 이 버섯은 원숭이 엉덩이 같다고 하여 붙여진 이름이지만 글자의 의미로는 원숭이 머리를 말한다.

이곳은 두 채의 가옥이 다른 집들과 동떨어져 있어 저녁이면 어디로 놀러 간다는 것이 여간 불편하지 않아 보였다. 어쩌다 부인에게 나의 가족사진을 보여 주었더니 부럽다면서 나의 핸드폰을 남편에게 재빨리 가져다 보여 주었다. 이렇게 행동하는 부인을 얻은 이 친구가 부럽게 다가왔다.

사흘 동안 저녁 식사를 마치면 무료함을 잊고자 별것 아닌 이야깃거리도 장황하게 늘어놓기도 하고, 잘하는 노래도 아니지만 서로 노래를 부르면서 지루한 밤을 달래기도 했다. 부인이 노래를 부르는 동안 남편은 작은 막대기로 방바닥을 두드리며 장단을 맞추었다. 나는 이 모습을 부러운 듯이 영상에 담았다.

어느 날 아침에는 부인이 나의 머리가 긴 것을 보고는 머리를 깎아 주겠다고 한다. 부인은 남편이 거동을 못하여 이발 기계를 사서 직접 이발도 해 준다. 나의 머리도 친구 부인의 솜씨로 잘 다듬어졌다.

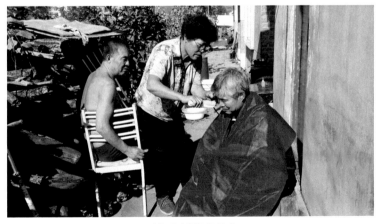

리쑤쩐의 친구와 함께

중국에서는 여성들의 직업 활동이 우리나라보다 더 적극적이고 활동 범위도 넓어 보인다. 우선 대도시의 시내버스 운전수들을 보면 젊은 연배의 아주머니들이 많다. 도심의 광장에 작은 의자들이 길게 늘어서 있고 주변으로 하얀 가운을 입고 있는 사람들이 있다. 이들은 대부분 아주머니들로 손님들에게 이발을 해 주거나 안마를 하는 사람들이다. 이발소는 대부분 십 원 정도 하지만 길거리 이발은 오 원 정도로 더 싸다. 십 원이라고 하면 환율상 우리나라 화폐로 이천 원이 안 되는 정도다.

이들의 안마 기술이나 이발의 솜씨는 어떤지 몰라도 안마나 머리를 깎는 진지한 모습은 나의 마음을 안심시키기에 충분하다. 광시장족자치구의 난닝南宁에서 어린 여자아이나, 영하회족자치구 인추안銀川에서의 아주머니 모두가 나이를 막론하고 나에게 훌륭한 안마를 선사했다.

어느새 사흘이 지났다. 친구는 떠나는 나의 옷 주머니에 담배 한 갑을 넣어 주었다. 넉넉하지 않은 살림 속에서도 행복한 부부의 모습을 보았다. 친구와 부인과 잠깐의 포옹으로 정겨웠던 시간을 뒤로하고 씽카이후※凱湖로 향했다.

씽카이후는 러시아와 공유하고 있는 중국 동쪽의 가장 큰 호수다. 바로 이 호수가 우수리강의 발원지이다. 차는 찌씨와 미싼密山을 경유할 적마다 갈아타야만 했다. 호수에 다다르니 오른쪽 옆으로는 밝은 햇살에 호수의 물결이 반짝이며 세차게 출렁이고, 왼쪽으로는 수많은 작은 호수를 만들어내고 있는 습지가 끝없이 이어졌다. 오후 늦어서야 씽카이후의 어느 작은 마을에 도착을 했다.

여름이면 많은 피서객이 몰려들 이곳이 한적하기만 하다. 그래도 오늘이 주말이라고 자가용을 타고 온 사람들이 눈에 띤다. 씽카이호수에는 이곳의 특종어인 '백어白魚'라는 고기가 있다. 여행자들이 호수에서 잡히는 별미인 백어를 맛보려고 많이 찾는다고 한다. 가격이 그리 비싸지는 않았지만 맛도 역시 다른 고기가 별반 다르지 않았다. 하지만 이곳의 특산어를 먹어 보았다는 데 여행자인 우리는 만족하는가 보다.

내가 느끼는 바로는 여행을 하는 사람들의 특징이 세 가지로 분류된다. 어떤 사람은 음식 문화에 관심이 많고, 어떤 이는 자연과 문명에 관심이 많고, 또 어떤 이는 현지 사람들과의 관계나 그들의 생활상에 관심을 가지는 경우가 있다. 특별히 자신이 더 중요하게 관심을 갖는 것을 말하는 것이지 그렇다고 이 세 가지를 딱 잘라 구분하는 것은 아니다.

나는 주로 자연에 관심을 많이 가진다. 그래서 보는 것을 즐거하면서 다니다 보면 때로 배고픔을 잊고 다닐 때가 종종 있다. 또 차를 타고 떠나야 할 시간이 식사시간과 겹치는 시간이면 어쩔 수없이 굶을 때도 있다. 이럴 때 가장 훌륭한 방법은 가게나 길거리에서 과일을 사 가지고 올라타는 것이다.

터미널의 과일가게나 길거리 노점상의 과일 판매대는 언제 어디서든 만날 수 있다. 과일의 종류도 다양하다. 큰 도시의 대형 시장을 가 보면 대형 트럭이 과일을 싣고 들어온다. 그런데 북방을 여행하면서 열대과일을 접하면 때로 놀라기도 한다. 남방에서 생산되는 과일을 트럭에 싣고 이 먼 곳까지 운반해 온다는 것이 놀라웠다. 그렇다고 과일의 가격이 특별히 비싼 편도 아니다. 나는 여름이면 복숭아를 즐겨 먹었고 겨울이면 귤을 즐겨 먹었다.

복숭아는 담배를 피우는 사람에게 좋다고 하는 말을 듣고부터 더욱 복숭아를 즐겨 먹었다. 귤은 겨울에 방이 건조하고 더우면 목이 칼칼하여 목을 축이기에 아주 좋았다. 이 귤은 '금귤金橘'이라고 하는데 무척 달고 껍질을 까면 한 입에 먹기 딱 알맞을 정도로 작다.

호수에 허름하게 만들어놓은 방파제를 따라 걸었다. 계속되는 비로 물이 불어 정자의 기둥까지 물이 차올랐다. 세찬 바람까지 호수에 흐르니 물결은 바다의 성난 파도와 같았다. 저 멀리 모래사장에 정박해 있는 조각배들도 출렁이는 높은 파도에 춤을 추듯 흔들리고 있다. 가까이 가 보니 여름이면 해수욕을 즐길 정도의 넓은 모래사장이다. 마침 배를 수리하고 있는 중년의 배 주인을 만났다. 도와주겠다고 톱질을 하는 나의 모습을 보고는 웃는다.

씽카이후에서의 휴식

그는 이 호수에 대해 간략히 소개해 주었다. 그의 말에 의하면

이 호수 면적의 3분의 2가 러시아에 해당된다고 한다. 이 호수는 흑룡강성 동쪽 농경지의 유용한 수자원으로 관개수 역할을 한다. 게다가 씽카이후를 둘러싸고 있는 산림 숲은 여행자들에게는 또 다른 산책의 길로도 손색이 없다고 자랑을 한다.

'興凱湖泄洪閘(홍개호설홍갑)'이라 쓰여 있는 기념탑처럼 생긴 조형물이 보인다. 이것은 홍수를 조절하기 위한 수문 역할을 하는 곳이다. 반대편이 보이지 않는 바다 같은 호수가 마냥 부럽기만 하다. 잠시 호수를 벗어나 길을 걷다 보면 끝없이 펼쳐진 황금들판이 바람에 춤을 춘다.

호수를 따라 걷다가 씽카이후 종점이란 작은 마을에 숙소를 잡았다. 씽카이후에 어둠이 내리고 있다. 호수에서 부는 바람이 바닷바람처럼 마을을 향해 거세게 불어왔다. 숙소의 창문을 스치는 바람소리도 요란하다. 호숫가 듬성듬성 자란 갈대숲이 바람을 타고 춤을 추듯 흩날리고 있다.

아침에 일어나니 언제 그랬냐는 듯이 날씨가 쾌청하다. 씽카이후에서 하루를 휴식하고 후린虎林을 지나 후터우虎头에 도착하기 전 후터우야오싸이虎头要塞라는 곳을 들렀다.

이 호수에서 시작되는 우수리강은 두 번의 슬픈 전쟁사가 기록되어 있다.

첫 번째는 후터우야오싸이가 있는 바로 후린의 후터우라는 곳이다. 이곳은 일본이 만주 지역을 점령하고 러시아를 침공하기 위한 일본 관동군, 즉 가장 악랄했던 731부대가 주둔한 요새가 있는 곳이다. 이 요새의 지하 갱도를 만들기 위하여 6년여에 걸쳐 약 20만

명의 중국 노동자가 징용되었다고 한다. 여기에는 우리 한국인도 다수 포함되어 있다.

이 요새의 길이는 35㎞에 달하며 지하의 내부는 군인 가족의 생활과 군인이 군사 활동을 하기 위한 모든 시설이 갖추어져 있다. 게다가 주변으로는 포진지와 비행장, 병원까지 갖추었다면 그 당시 난공불락의 요새라고 할 만했다. 외부의 지원이 없이도 반년을 버틸 수 있었다 하니 그들의 전쟁에 대한 준비성에 가히 놀라지 않을 수 없다.

1945년 8월 15일 일본의 항복 선언이 있은 후에도 열흘간이나 러시아군과 치열하게 싸우다 요새는 결국 함락되고 말았다. 수많은 중국 노동자들에게 생체 실험과 악랄한 희생을 강요한 참혹한 대가였을지도 모른다.

항일전쟁사박물관에는 전쟁사의 여러 가지 기록물을 전시해 두었다. 하루의 정해진 시간이 되면 일본 천황을 향하여 허리 굽혀 절하는 규율도 만들어 놓아 정신적인 굴욕을 강요받기도 했다. 그리고 갖가지 고문과 생체 실험의 장면도 적나라하게 전시해 두었다. 이토록 무고하게 죽어 간 중국 노동자의 처참한 생활상이 전쟁의 비극을 그대로 보여 주고 있다.

그리고 아이러니하게도 이 전쟁에서 희생된 소련군 병사의 이름도 기록하여 그들을 애도하기도 한다. 매년 이날을 기념하기 위해 추모식이 열리면 러시아 병사도 참석을 한다고 한다.

후터우에 도착했다. 후터우는 작은 면급에 해당하지만 전쟁 역사의 흔적이 있고 우수리강의 기점이라는 의미에서 여행자들이 많

후터우 항일전쟁사박물관

이 찾는다. 러시아를 바라보며 우수리강 기점이라 쓰여 있는 후터우의 강변을 거닐고 있었다. 강폭도 러시아 땅이 지척에 보일 정도로 그리 넓지 않다. 가끔씩 러시아 순시선이 오가곤 한다.

우수리강 광장을 지나 식물원을 들렀다. 시들어 가는 잎사귀가 가을이 무르익어 가는 시작을 알리고 있다. 식물원 전망대의 높은 지대에서 보면 후터우 전경과 강변 국경의 풍취가 더욱 선명하게 드러난다. 비가 많이 내린 관계로 강을 따라 걸을 수 있는 산책길 같은 나무 계단 길은 통제되고 있었다. 마침 후린에서 결혼식을 마치고 구경 나온 조선족 단체를 만나 잠시 환담을 나누기도 했다. 자신들의 친척들이 한국에서 일을 하고 있다고 한다. 그러면서 한국인은 조선족인 우리를 멸시하는 태도를 보인다고 하면서 진지하게 물어 왔다. 예전에는 그렇게 느끼는 일도 종종 있었지만 지금은 그렇지 않다고 그들의 마음을 달래 주었다.

사실 예전에는 조선족 노동자들에게 임금도 제대로 주지 않은 적이 많았다. 지금은 한국 정부의 엄격한 관리하에 노동청에서 임금 체불에 대한 시정 조치를 엄격히 관리하고 있다. 외국인이라고 차별을 하면 우리도 언젠가는 외국에서 생활하면서 똑같은 대접을 받을 것이다. 특히 조선족은 외국인과는 달리 본질적으로 우리 동포이고 한 핏줄임에는 틀림이 없다. 세계화를 지향하는 이 시대에 어울려 사는 지혜를 가져야 할 것이다.

마지막으로 후터우의 상징인 호랑이 동상이 있는 산마루에 올랐다. 후터우 마을과 우수리강변이 한눈에 들어왔다. 여기에 있는 호랑이 동상은 중국 최대의 호랑이 조형물이다. 바위 위에 세워진 호랑이 입으로 그대로 빨려 들어갈 정도의 크기이다. 아마 우수리강을 지키는 상징의 표현일지도 모른다.

후썅虎乡 후린虎林 후터우虎头 등 '호랑이 호虎' 자가 많은 이곳 지명을 보면 옛 시절 만주 호랑이의 고향일지도 모른다. 게다가 예전에는 이곳에서 멀지 않은 곳에 호랑이가 살고 있었다는 후린삼림지역이 있다. 아주 적은 인구를 가진 허저족이란 소수민족은 용감하게도 이곳에서 수렵 생활을 하고, 우수리강에서 어렵 생활을 하며 살아왔다고 한다.

일주일 전쯤 목단강을 오기 전 하이린海林 근처의 호랑이 고향이라는 후썅을 들렀었다. 철망을 사이에 두고 호랑이가 다가와 몇 마디 말을 건네고 돌아서듯 가까이 다가오기도 했다. 한나절을 호랑이와 함께한 뒤로는 전혀 무섭다는 생각이 들지 않았다.

한 청년의 삼발이 택시를 타고 후터우의 곳곳을 누비며 다닌 하루다.

다음으로 일어난 전쟁이 중러 전쟁이다. 후터우에서 우수리강을 따라 북으로 가면 우린똥五林洞이란 작은 마을이 있다. 이곳에서 멀지 않은 곳에 우수리강을 사이에 누고 썬바오나오ﾐﾟﾌﾟ리는 섬이 있다.

가는 도로가 포장은 되어 있지만 너무 오래되어 노면이 울퉁불퉁하다. 차가 조금만 달려도 심하게 덜컹거린다. 창문이 부딪는 소리도 요란하다. 어릴 적 부모님과 함께 버스를 타고 가던 옛 추억이 떠오른다. 주변으로는 비가 많이 내린 관계로 물바다를 이루고 있다. 가끔씩 나타나는 작은 마을들이 물 위에 떠 있는 듯하다. 썬바오따오를 보러 간다는 나의 말에 현지인들이 의미 모를 웃음을 지으며 지금은 물이 불어 섬에 들어갈 수가 없다고 한다.

갑자기 버스 뒷좌석에서 갓난아이의 울음소리가 들려왔다. 한두 살 정도의 아이 울음소리다. 뒤를 돌아보니 아이의 어머니는 또 배에 태어날 아이를 갖고 있는 것 같았다. 어머니가 아이를 달래 보았지만 쉽게 울음을 그치지 않았다. 사람들은 계속되는 아이의 울음소리에도 전혀 개의치 않았다.

중국 여행에서 나는 임산부를 거의 만나지 못했다. 14억의 인구를 가진 나라에서 아이를 가진 배부른 여인을 쉽게 만나지 못했다는 것도 이상한 일이다. 요즈음 우리나라에서는 출산 장려 정책으로 각 지자체마다 출산 장려에 적극적으로 임하고 있는 것을 볼 수 있다.

코흘리개 어린 시절에 고향 시골 마을에서는 아침저녁으로 아이의 울음소리를 자연스레 들을 수 있었다. 하지만 지금 내가 살고 있는 도시의 아파트에서는 전혀 아이의 울음소리를 듣지 못한다. 어쩌다 아이의 울음소리가 들려오면 그렇게 정거울 수가 없다.

버스나 기차를 이용할 때 중국 정부의 임산부에 대한 배려가 각별하다는 것을 느낀다. 좌석이 따로 있고 대합실에서의 공간도 따로 있다. 그리고 기차를 타려고 개찰을 할 때도 먼저 나갈 수 있도록 미리 배려를 해 준다. 특별히 우대를 받는 자리에는 '殘, 孕, 病, 老'라고 쓰여 있다. 다친 사람, 임산부, 병자, 노인들에게는 자리를 양보하라는 의미다. 실제로 버스나 기차를 타 보면 이들에게 양보하는 장면을 쉽게 경험한다. 이들에게 자리를 양보하는 것은 중화인민공화국의 미덕이라는 자막도 버스나 기차에서 보기도 한다. 사회주의 국가이지만 이런 면에서는 스스로 느끼는 바도 크다.

설상가상으로 우린똥에 도착하니 빗방울이 떨어지기 시작했다. 어느 집 마당에는 참나무가 쌓여 있다. 버섯을 재배하기 위해 널어 놓은 나무들이다. 비를 피하고자 병아리들이 나무사이로 파고 들어간다. 전형적인 산골 동네의 정경이 훈훈하게 다가왔다. 이곳을 오기 전에도 강물이 불어 볼 수가 없다고 하는 것을 고집해서 왔지만 더 이상은 어쩔 수가 없었다. 쩐바오따오로 들어가는 갈림길에 쩐바오따오의 그림이 걸려 있다. 아쉽지만 한 장의 사진을 남기고는 차에 올랐다. 새롭게 역사의 한 줄을 더 알고 한 사물의 이름을 안다고 해서 무슨 큰 의미가 있을까 하고 위안을 가져 본다.

이곳 쩐바오따오에서 일어난 전쟁의 발단은 너무 기가 막힌다. 분쟁의 시작은 너무도 사소했다. 홍수로 불어난 물 때문에 쩐바오따오의 일부 지형이 바뀐 데 대한 양측 주장이 엇갈린 것이었다. 물론 그 배후에는 공산주의 패권을 다투는 모택동과 그에 맞서는 후르시쵸프의 이념적 갈등이 한몫했다.

중국인 병사의 삿대질에 주먹싸움이 오가고 패싸움으로 번졌다. 이후 몇 차례 더 주고받은 싸움 끝에 수천 명을 동원해 총격전에 이은 기갑전을 전개한다. 중국군은 아예 수만 명을 동원에 대규모 전투를 시작했고, 러시아군 역시 최신 병기로 맞섰다. 여기서 중국군은 연대 규모의 사상자가 발생했고 러시아군 역시 다수의 사상자가 났다.

이렇게 자존심을 건 두 공산국가의 전쟁이 더 크게 번지려 할 때였다. 동유럽의 체코에서 '프라하의 봄'이라는 자유화 물결이 밀어닥쳤다. 러시아는 중국과의 국경 분쟁보다 동유럽의 방어막인 체코에 부는 민주화의 물결을 잠재우는 과제가 더욱 시급했다. 이를 해결하고 서방과 싸우던 민족주의자인 월맹의 지도자 호찌민의 죽음을 애도하러 월맹을 들른 후 중국을 방문한다. 후르시쵸프는 모택동 주석을 만나 어렵지 않게 우수리강 분쟁의 타협을 보았다.

이렇듯 '일은 사소한 데서 생기고 화는 참지 못하는 데서 온다'는 구절이 이를 두고 하는 말인가 보다. 우리네 인간사도 마찬가지다. '저사람! 저거!' 하면서 비아냥거리듯 손가락질하지 말자. 솔직히 말해서 저는 얼마나 잘났는가….

후터에서의 나들이

이 사건으로 중국은 더 이상 러시아를 믿지 못하게 된다. 여기서 우리는 국가의 이념이 국가의 이익을 넘지 못한다는 것을 배울 수 있다. 애초에 중러 양국은 공산주의에 대한 생각도 달랐다. 소련은 노동자 중심이고 중국은 농민 중심의 이념 체계를 표방하고 있다. 이처럼 국경을 접한 이웃은 친하기도 하지만 늘 다툼의 역사가 존재하기도 한다.

사상과 이념의 차이가 가져오는 심각한 현상은 오늘날에도 사회 곳곳에서 볼 수 있다. 전쟁보다 더 무서운 것이 바로 사상의 차이다. 사상이 이념으로 고착되는 순간부터 끝없는 싸움은 계속된다.

베트남, 캄보디아가 그랬고 지금 중동의 종교적 갈등에서도 예견할 수 있다. 우리의 현실은 어떠한지 예전에 지리산에서 활동한 빨치산의 역사가 말해 주는 듯하다.

나도 이제 나이가 들었다.

지금까지 살아오면서 나는 어떠한 신념을 가지고 사회에 어떠한 자취를 남기며 살아왔는가를 곰곰이 생각해 보기도 한다. 특히 남북으로 갈라진 분단에서 민주화와 공산화의 색다른 체제로 굳어질 대로 굳어진 이념 속에 평생을 살아왔다.

우리는 가끔 학자나 유명인의 강의를 들을 때가 있다. 학자로부터 옛 성현들의 말씀을 들을 때는 때로 무척 감동을 받기도 한다. 유명인으로부터는 그가 이룬 업적에 대한 이야기를 듣고 있으면 강한 의지와 신념을 마음에 새겨 보기도 한다.

이들의 말이면 조금 이해를 하지 못해도 다 맞는 것처럼 들린다. 설령 나의 생각과 조금 다르더라도 내 스스로 그의 식견을 잘 포장해 준다. 그 사람의 강의보다 더 깨달음과 통찰력을 가지고 강의하는 사람을 만나지 못했기 때문일 수도 있나.

어느 봄날인가.

나는 TV를 통해서 우리나라의 유명한 학자의 강의를 들은 적이 있다. 우리나라 근대사의 비극을 이야기하면서 정치적 이념의 차이에 대한 이야기를 하고 있었다. 강의를 하다 보면 사람은 간혹 청중의 호응에 흥분한 나머지 자신을 절제하지 못하거나 무언가 충격적인 논리로 세간의 이목을 끌려고 하는 분위기에 빠질 때가 있다.

하지만 학자는 정치적 이념을 너무 건드리면 위험하다. 아무리 훌륭한 인물도 칭찬과 비평을 동시에 받는 것은 당연하다. 설령 칭찬의 대상이 아니라 하더라도 혹독한 평가는 피해야 한다. 이유는 나라의 지도자는 내가 존경하든 그렇지 않든 대한민국을 이끌어 온 사람들이기 때문이다.

기업은 이윤을 추구하고 정치는 정권을 쟁취하는 것이 목적이다. 그러면 학자는 학문을 통하여 사회의 정의를 정립하는 것이 목표다. 이를 토대로 기업과 정치가 움직이는 것이다. 정의가 바르게 서지 못할 때 사회는 혼란스러울 수밖에 없다.

특히 보수 정권에서 보수 인물을 탓하고 진보 정권에서 진보 인물을 탓하는 학자라면 무언가 굳은 신념이 있어 보인다. 이유는 앞으로 있을 자신의 고통과 괴로움을 감수해야 하기 때문이다. 하지만 보수 정권에서 진보 인물을 탓하고 진보 정권에서 보수 인물을 탓하는 행위는 앞으로 있을 꽃길을 기대하기 때문에 어딘가 자연스럽지 못하다. 이럴 때 학자는 어용이란 말을 듣는다. 많이 배우고도 정치적 시류에 따라 출세의 길을 가려고 '그른 것을 그르다'고 말 못 하는 지식인이 얼마나 많은가 생각해 보는 기회였다.

러시아의 경계 우수리강

중국 최초로 나라를 통일한 진시황제는 유세객(학자)들의 혼란스러운 국정 논리에 학자들의 서적을 불살라 버렸다. 그리고 유학자들에 대한 잔혹한 학대로 이어졌다. 그 와중에도 학자들은 나름대로 고집이 있어 끝까지 자기의 주장을 이야기하다가 처형을 당하기도 했다. 이것이 분서갱유라는 사건이다. 그래도 진시황제는 도량형을 통일하고 백성의 노동을 착취하였지만 만리장성을 마무리하는 등 커다란 업적을 남겼다.

고집은 때로 뜻하지 않은 학설의 정의를 이룬다. 그런데 고집을 앞세우다 자신의 아집만을 내세울 때가 종종 있다. 예전에 황우석 박사의 줄기세포 연구로 온 나라가 의학계의 대혼란을 겪었다. 자신의 연구에 대한 업적을 조금만 인내하였어도 그의 명성은 흔들리지 않았을 것이다. 자기의 잘못을 그릇된 논리도 빙어쇠를 당기다가 결국 탄알이 자기에게 돌아오고 말았다.

학자는 어찌 보면 고집을 생명으로 삼는다. 자기의 학설이나 이론이 무너지는 순간 모든 것을 잃는다고 느끼기 때문이다.

높이 올라갔다 싶을 때 침묵하는 것이 학자의 책무일지도 모른다. 어느 순간 무겁게 다가왔던 그들의 식견이 어느 날 가벼운 풍선이 되어 소리 없이 내 곁을 떠나고 있는지도 모른다.

나는 이런 정치 사회의 현상에 대해서 잘 알지는 못하나 나름대로 글을 써 놓고도 스스로 대견스럽다는 생각이 들었다.

나 역시 글을 쓰면서 어느 한 구석에는 나에게서 있었던 일이 아닌 것을 적고 싶은 충동을 느낄 때가 있다. 그리고 사소한 이야기를 크게 부풀려 화려한 치장을 하고 싶을 때도 있다. 하지만 훗날 스스로 나의 글이 거짓과 화려한 포장으로 비칠 때 글의 가치는 단순한 오물이나 쓰레기일 뿐이라는 생각이 든다. 남은 모르지만 나만이 아는 양심의 가책이 더욱 나를 아프게 할 것이기 때문이다.

다시 역사의 우수리강은 이렇게 슬픈 자취를 남긴 채 오늘도 북으로 향한다. 강에서 생겨난 섬이 요새도 아니고 고지高地로써 전쟁의 요처도 아닐진대 왜 싸움까지 했을까. 큰 나라치고는 어리석어 보인다.

우수리강 중류에 위치한 라오허饶河현에 도착했다. 가을비가 내리니 을씨년스럽다. 특별히 무슨 목적이 있어 온 것도 아니다. 이럴 때는 나 자신 속에 또 다른 나를 만나곤 한다. 내가 왜 여기에 왔는가를 스스로 묻고 그 답을 기다리곤 한다. 때로는 '여행이 그

렇지 뭐' 하는 체념의 시간이 있기도 하고 무엇을 찾으려고 노력하
는 시간이 있기도 하다. 오히려 이런 시간이 여행을 통해서 나에게
많은 생각을 갖도록 한다.

큰일도 의미를 작게 두면 사소해 보이고 작은 일도 의미를 크게
두면 중하게 여겨진다. 즉, 내가 얼마나 관심과 의미를 부여하는가
에 따라 귀함의 크기가 정해지는 것이다.

터미널에 내리면 식당을 들어가 식사를 하면서 식당 주인에게
이곳의 가 볼 만한 곳을 묻는다. 아니면 숙소의 주인에게 묻기도
한다. 여러 곳 중에 나의 여행 일정에 맞게 선별해서 길을 떠난다.

라오허현의 유격대 기념비

멀지 않은 강변으로 향했다. 특별한 계획이 없더라도 산책을 한
다는 것은 건강에도 좋다. 비가 내리니 강변에 늘어선 유람선들도
마냥 한가하다. 광장에는 아무런 글씨도 없는 커다란 석조물이 놓
여 있다. 공자의 고향인 산동성 태산에서 가지고 왔다고 한다.

택시 운전수의 안내로 항일전쟁을 위해 싸운 인물을 기리는 기

넘비가 있는 곳으로 샀나. 흑룡깅싱은 이디를 기도 항일이 역사가 묻어나는 곳이다. 도심의 작은 언덕을 조금 오르니 한 손에 총을 든 젊은 청년의 동상이 눈에 들어왔다. 동상 아래에는 '항일 유격대의 기념비'라고 쓰여 있다. 정예군과는 달리 자기 고향을 지키고자 일어난 젊은 청년들의 조직이다. 그러기에 이곳에 사는 사람들은 더욱 자기 고장에 대한 애착을 가질 만하다.

애석하게도 비가 내리는 추운 날씨로 관람객이 없어 기념관을 개방하지 않았다. 언덕을 내려와 도심으로 향하는 도중에도 길을 오가는 행인조차 볼 수가 없을 정도다. 어쩌다 마주치는 사람이 그나마 반가울 뿐이다.

마지막으로 이곳은 중국 소수민족 중의 하나인 허저족赫哲族이 살던 지역이다. 지금은 인구가 중국 소수민족 중에 가장 적은 민족에 해당된다. 과장된 말인지 모르지만 운전수의 말에 의하면 백 명도 안 된다고 한다. 아마 이곳 현에 사는 허저족을 말하는지도 모르겠다. 아무리 보잘것없는 사물이라도 사라지거나 잊혀 버린다는 것은 참으로 애석한 일이다. 허저족의 소수민족 정책에 대한 많은 관심과 배려가 아쉽게 다가온다.

허저족 박물관의 개방 여부를 확인하고 박물관으로 향했다. 운전수는 주변을 보면서 보름 이상이나 이렇게 계속 비가 내린다고 한다. 온통 습지로 변해 버린 들녘이다. 30분 정도를 달려 박물관에 도착했다. 박물관이라고 하지만 어느 가정집의 아담한 정원 정도의 크기다. 그래도 매표소에서 복무원이 손님을 기다리고 있다는 것이 신기할 정도다.

허저족의 생활 특징은 다른 민족과는 달리 수렵과 어렵 생활을 했다는 점이다. 우리는 산을 아버지에 비유하고 강을 어머니에 비유한다. 허저족은 늘 산의 기상을 느끼고 강의 포용을 맛보며 살아 왔다. 이 속에서 우리는 자연의 산물에 의지하며 살아가는 법을 배운다.

소수민족 허저족의 어렵 생활

박물관에 진열되어 있는 도구들이 대부분 물고기를 잡는 데 쓰이는 작은 용구들이다. 그래서 물고기로 만드는 음식이 발달했고 물고기 비늘로 의복과 신발을 만드는 제조 기술도 아주 섬세하게 발달했다.

친절하게 설명을 해 준 복무원에게 감사를 표했다. 복무원의 다음에 또 오라는 인사를 받으며 라오허로 돌아왔다. 터미널에 도착하니 쨔무쓰佳木斯로 가는 버스가 있다. 장시간을 가는 이 버스는 침대 버스다. 중국을 여행하면서 가끔은 침대 버스를 이용하기도 한다. 하지만 그럴 적마다 늘 후회를 한다. 버스 안은 무척 공간이 좁아 움직이기가 불편하다. 짐이 많은 승객이라도 타면 더욱 불편함을 감내해야 한다. 맨 뒤의 자리에 있게 되면 정차 시 화장실을 가기 위해 나오는 일도 귀찮다. 게다가 누워 가기에는 공간의 길이가 짧아 다리를 쭉 펴지 못한다. 얇은 이불을 덮지만 고약한 냄새가 묻어나고 비가 오니 지나가는 손님의 젖은 옷의 물기가 이불에도 스며들었다.

거의 15년 전 이야기다. 티베트를 가는 침대 버스를 탄 적이 있다. 비가 오니 버스 지붕을 타고 창문으로 빗물이 들어왔다. 나는 수건으로 물을 훔쳐 냈다. 수건이 흥건히 젖으면 수건을 짜서 다시 물을 훔쳐 냈다. 이렇게 하면서 밤을 보낸 오래전의 여행 기억이 있다. 그 당시에 비하면 그리 나을 것도 없지만 못 견딜 정도는 아니다. 하지만 일부 승객들의 코 고는 소리가 더욱 거슬리게 들려온다. 버스는 어느새 어둠의 터널 속으로 빠져들고 있었다.

맺음말

흑룡강성의 여행이다.

아니 여행이라고 하기보다는 그들과 함께한 삶이고 일상생활의 연속이었을 뿐이다. 이 글을 여행기라고 말하기보다 여행담이라고 하는 것이 더욱 어울릴 것만 같다.

왜냐하면 나의 생각이나 느낌이 많이 담겨져 있기 때문이다. 여행기라고 하면 왠지 외국 문명에 대한 사실의 기록물을 말하는 것 같고, 여행담은 현지에서 공유한 자연과 사람과의 소통과 교류를 통해서 얻은 경험담 같은 이미지가 풍겨난다.

떠나면 마음이 설레고 늘 새로운 것을 접하며 공간과 시간을 즐기는 것이라고 생각했다. 하지만 외로운 시간과도 싸웠고 두렵거나 불편스러운 일들을 겪기도 했다. 어쩌면 흑룡강을 따라 걸은 자취는 강물처럼 용을 그렸는지도 모를 일이다.

처음 여행을 할 때는 새로운 것에 대한 호기심으로 가득했지만 어느 순간부터는 기록을 해 두고 싶다는 생각이 간절했다. 그 후로는 여행을 다녀오면 그때 당시에 있었던 이야기들을 정리해 두곤 했다.

새벽심에시 깨이날 때면 조8한 머릿속에 수많은 생각들이 스쳐 간다. 아침에 일어나 일상의 생활을 하다 보면 새벽잠에서 나를 깨웠던 생각들이 이슬처럼 사라져 갔다. 그 후로는 머리맡에 메모지와 필기도구를 준비해 두었다. 적어도 생각했던 소재에 대한 줄거리만이라도 적어 두곤 했다. 이처럼 글을 쓰고 싶은 욕망의 힘이 클수록 더욱 기록의 집착은 더해진다는 것을 스스로 실감했다.

그래서 얼마 전부터 인터넷의 네이버 블로그에 '중국 이제 그만 갈래'라는 제목으로 그동안 다녔던 중국을 소개하는 페이지도 하나 만들어 두었다.

이렇게 여행 후기를 정리하면서 느낀 것이 하나 있다. 여행을 하면서 일어나는 사소한 일이라도 절대로 가볍게 넘기지 않았다. 사람과의 인연이나 여행 중에 마주하는 일들은 내 기록물의 소중한 자산으로 남을 수 있기 때문이다. 아마도 글을 쓰는 사람들의 공통된 생각일 것이다. 이렇게 하기 위해서는 여행에서의 적극적인 행동과 활동이 요구된다. 현지인들과의 접촉이나 소통에 주저하지 말고 기회가 있을 때마다 함께하고 참여하는 자세가 필요하다.

여행에서 느낀 것 중에 또 하나가 일반적으로 평민이라고 하는 백성들의 심성은 어느 나라이든 참으로 소박하고 진솔하고 착하다는 점이다. 우스개 이야기지만 가끔 만나는 장사꾼, 사기꾼, 정치꾼 등 이익을 탐하는 '꾼'이라고 하는 사람들을 제외하고 하는 말이다.

내가 살아온 세상은 참으로 급박하게 움직였다. 어린 시절 논두렁에서 물컹물컹한 올챙이 알을 주무르고, 밤에 횃불을 들고 냇물에 들어가 잠을 자고 있는 가재와 물고기를 잡았다. 장마가 지면

물이 불어 학교를 가지 못하기도 하고, 전쟁이 끝난 후 학교에서 점심을 먹고 난 뒤에 뒷마당에서 옥수수 죽을 배급받으려고 줄을 서 있던 가난한 시절이 있었다. 그립고 어려웠던 시절이다.

지금은 자가용을 운전하며 핸드폰을 손에 쥐고 세계에서 일어나는 뉴스에 대한 정보를 실시간으로 접하며 살고 있다. 자연과 문명을 동시에 누리며 살아온 내가 아닌가 생각된다. 어찌 보면 나는 가장 행복한 시대를 살고 있는 것은 아닌지 충분히 자위해 볼 만한 사람이다.

우리는 인생의 중흥기가 한 번은 반드시 오기를 간절히 바라는 마음으로 살아간다. 그것이 바로 희망이다. 설령 현실로 다가오지 않을지라도 희망이 있다는 것, 그것을 소망하면서 기다리는 꿈은 그 자체로 행복하다. 나름대로 힘들게 적어 간 이 글이 범인의 나에게 당연한 욕심이지만 베스트셀러로 남을 수는 없을까 하는 꿈을 꾸어 본다. 과욕이지만 그래도 행복한 꿈이니까 좋다.

치치하얼대 교수 그림

이번에도 지난번처럼 귀국을 앞두고 모중후牟仲虎라는 치치하얼 대학교 교수의 선물을 받았다. 일곱 마리의 참새가 잘 어울려 있다. 위에 쓰인 내용은 이러하다. '和而不同 同而不和', 즉 '군자는 같지 않아도 잘 어울리고 소인은 같으면서도 어울리지 못한다'라는 공자님의 말씀을 적은 것이다. 이때가 입동 하루 전이었으니 추위가 오기 전에 내게 준 따뜻한 선물이라고 믿었다.

끝으로 이 글에 많은 관심을 가져 준 중국 친구들과 한국의 친한 지인들에게 보답할 수 있는 기회가 있기를 간절히 바란다. 출판사에도 감사 인사를 전한다.

2020년 1월
채한종